旁观式养育

〔韩〕崔银雅 著
杨名 译

国文出版社
·北京·

果麦文化 出品

目录 Contents

前　言

这是我用切身经历总结的，
把孩子培养成前 2% 的独门秘诀哟！

终于放松了紧绷的神经。育儿的每个瞬间都要打起精神，否则情况就会像抓住烂掉的绳子一样转眼间一落千丈。那天，我就“抓了根烂绳子”。

第一个阶段是不懂事的 4 岁，大概是出生后的 36 个月到 40 个月之间。孩子常因一些微不足道的事情而耍赖发脾气。比如爸爸抢先坐了她想坐的椅子，她于是又哭又闹。好不容易哄好了，要带她出门的时候，只是因为我先开门出去，她又开始哭闹。我去玄关穿鞋子时，她再次放声大哭。我一直忍着，以为只要再忍一忍就可以出去了，却没忍住。

“呀！只有你会哭闹吗？我也会！”

这是对一个才 4 岁的孩子该说的话吗？我本想就此打住，但话就像拧错了方向的水龙头一样不断冒出来。我越想关水龙头，就越滔滔不绝。

“你在做什么啊？你是一两岁的婴儿吗？你为什么一直尖叫？不尖叫就不能说话吗？”我像一个不大喊就无法沟通的人一样大声喊叫着。在意识到自己失去理智的瞬间，我必须给自己找个退路和合理的理由。

“妈妈这样大喊大叫，你是什么感觉呢？

“你也觉得难受吧？

“你还要这样喊吗？”

教训了她一顿后，我突然反应过来不应该发火，要说一些关心和安慰孩子的话。

“妈妈不是因为讨厌你才吼你的。

“对不起，妈妈对你大喊大叫了。”

到了晚上，我翻来覆去睡不着，为自己白天发脾气感到后悔。我忘不了一个4岁孩子因为害怕看着我的表情。

无论是对丈夫还是对孩子，我都成了有两副面孔的人，每当生气的时候瞬间就会变脸。随着孩子一天天长大，这种情况还在继续。我对学校的孩子们总是亲切的，是像天使一样的老师，为什么一回到家里就如此暴躁，明明我已经很努力想要温柔地说话，但“不！”字却脱口而出。“不”字一出口，后面的话就像连珠炮一样爆发出来。

“不是！妈妈刚才说什么？我不是告诉过你吗？

“不是！不是那个！

“都说了不是！又来了！

“不是，刚才还那样解开了。你为什么又那样解？

“看清楚了。不是，我说你好好看着这个！

“你必须好好看着，妈妈跟你说什么了？手指头上有答案吗？

“它在哪里？用手指一指。”

育儿前辈们说：“那是最累的时候。等孩子再大一点，你就能游刃有余了。”他们的话往往比育儿书上讲的更有道理。孩子稍微大了一点，我还真的松了口气，但回过头来看，却着实委屈了孩子和丈夫。我原以为只有我一个人郁闷和生气，但事实并非如此。我不是为了孩子好才生她的气，而是在生自己的气，因为我没能让情况如自己所愿。虽然我是一名教师，教过很多孩子，自认为是懂孩子的，但当妈妈却是第一次，时常遇到觉得艰难和不知所措的瞬间。

育儿真的有秘诀吗？

因休育儿假，我暂时忘记了自己的教师角色。那时更贴近母亲的角色，我认为把孩子送到补习班这件事非常重要。要想获得补习班的信息，就必须参加妈妈们的聚会，但作为一名教师行业的职场妈妈，我的职业在小区内没什么好感度，我在妈妈们的聚会上出现只会让其他妈妈不方便，她们就不能随心所欲地聊有关老师的话题了。我识趣地退出了，这样我就没有地方获得信息了吗？到处都有能得到一手情报的消息通，那就是我们班的孩子们！

大女儿说想学钢琴，我打听了一下，小区里的钢琴补习班足足有10多家。我们班学习好、做什么都努力的可爱的女孩写道："我的特长是钢琴。我想成为钢琴老师。"于是我问她："你上的钢琴班在哪里？那里的老师怎么样？"只要和他们聊两句，就能获得源源不断的信息。我不用到处打听，也不用深入考察就给女儿报名了。"天哪！你怎么突然这么会画画？像画家一样！"然后神奇的事情发生了：从脖子画到胳膊，纸上突然出现了一个惟妙惟肖的人。即使什么都不问，我也能得到消息。"我们公寓商业街的炸鸡店旁边开了美术班。我在那里学画画！"于是，美术班也找好了。有些事情很容易就能获得信息。

"一班的那个女孩怎么样？我给她上过英语课，她态度很好，基础也相当好呢。""她真的很不错，但她一个补习班都没有上，学习非常好。她妈妈真的很了不起。"

家长们想着"这都是为了孩子好"，其实很可能都是为了自我满足。孩子跟不上课程，我不满意，就会为此训斥孩子。送孩子去补习班其实也是我的欲望，偶尔孩子感到厌烦，我还会和孩子吵架。“那就别再上补习班了！”“是你让我送你去的，不是吗？”一定要放下自己的欲望。不，作为母亲，我当然希望自己的孩子成功，所以我必须改变策略。

我想起那些看起来基础扎实的孩子们、那些从起点开始就与众不同的孩子们，甚至在我生孩子之前，我就仔细观察过那些真正学习好的孩子，想知道他们的秘诀。每当与学生家长沟通时，学生家长们都只是谦虚地说：“什么都没做，感谢孩子自己好好成长。”他们同时还说了一下重点培养了哪些部分。我努力不放弃，也想如他们那样抚养我的孩子，把她们培养成老师们口中的“不错的孩子”。

真正优秀、学习好的孩子都有一些相似点。答案就在眼前，我无法不照做。我把孩子的补习班全部停掉，闭上眼睛，关上耳朵。大女儿对语文很感兴趣，我却连常见的练习册都不给她买，周围的妈妈们看到我家连习题册都没有，都在担心我的做法。“瑞妍应该很想多学一点，你想想看你是不是在耽误她。”

其他孩子连上几个补习班的时候，我的孩子因为没有一起玩的朋友而感到无聊。作为母亲，我感到不安、动摇、害怕。每当这时，我就会回到老师的角色，想起学校里的那些孩子，决定坚持自己的信念。成为家长让我明白，妈妈们说的学习和老师说的学习完全不同，坚持自己的信念真的很难。为什么没有人告诉我呢？老二出生后，我跟丈夫到乡下盖房子生活，大家都以为我放弃了孩子的学习和圈子，是为了孩子能更好地玩耍和放松心情。绝对不是。我比任何人都希望我的孩子学习好，作为教师，我也可能比其他任何人都更有系统地让孩子学习。我每天做的事情就是教书，与不是教师的妈妈相比，我更少犯错误。

我之所以知道如何把孩子培养好，是因为我每天都能见到真正学习好的孩子，了解他们的秘诀。在这里，你可以积累无数的经验，可以看到实际的成果，即使看再多育儿理论书或儿童教育书，都不如真实的成功经验有用。

幼儿智商检查结果排名前 2%？

在大女儿即将升入小学的那年早春，丈夫公司的职员福利有 6 次免费心理咨询，据说包括 2 次儿童智商检查和 4 次通过棋类游戏进行的心理咨询。老大因为没有上补习班而感到无聊，所以我带她去了咨询中心，给她做了主要用于英才测试的韦氏智力测验，她的成绩在前 2%。

测试中，孩子对每个问题都很慎重，也很沉稳，虽然慢了点，但对她更有帮助。虽然这个数字并不重要，但作为母亲，我仍感到骄傲和自豪。我也曾担心过，自己是否在引导孩子走一条正确的路，这次收到的结果让我决定继续坚持现在的教育和养育态度，这个结果也是脱离了别人依赖的学习指导、补习班、习题集、幼儿教具这一切之后得到的。

星期天早晨我还在睡懒觉，孩子们会在我身边做习题。对大女儿来说，周末意味着没有规定，她可以按照自己的意愿想做多少习题就做多少习题。她即使坐在桌子前折纸到很晚，我也不会说："别做了快睡吧！"周末是没有唠叨的日子，也是不去学校，在外面开心地跑着玩的日子。

孩子们对智能手机和电视都不感兴趣，爸爸妈妈看电视时，她们也会坐在旁边读书，或者说："别再看了，出去走走吧。"即使是长途旅行，孩子们也不会用智能手机看视频，而是安静坐着度过两三个小时，虽然感到无聊，但仍能忍耐。她们正在成长为享受无聊和慢慢探索世界的孩子。尽情地玩过后回家，她们会用书和习题来打发时间。日落时分我坐在院子里看她们静静凝望着夕阳西下的天空，就会想，虽然我在其他方面做得不好，但把她们培养得很好。

在老大还小的时候，我光是喂她吃饭、给她洗澡、哄她睡觉就已经很吃力了，我从未给她读过一本书。我当时认为，早睡比睡前读书更重要，所以太阳一落山就给孩子吃晚饭、洗澡，然后关灯睡觉。不过，她从 4 岁那年的冬天就开始识字，自己读书，无聊的时候画画，探索未知世界。孩子们似乎知道，探索真实世界比探索视频中的世界更有趣。她们在成长过程中体会到了通过书籍了解真实世界的乐趣，就像我们小时候一样。

虽然 7 岁前我没有给大女儿放过任何英语早教视频，但她通过书本接触了英语，并在 6 个月内学会了发音，一年后就可以在没有父母的帮助下和英国教师进行一对一网络课程。虽然还不能说得很流利或完全听懂内容，但她可以随口对老师说想说的话，理解问题并回答。在没有大量补习的情况下，取得这种程度的效果我已经很满足了。

只有教师才知道，
学习好的孩子们的独家秘诀大公开

一些被刻意放养的孩子，看似落后于人，实际上恰恰相反，他们比任何人都出众。我的两个孩子都在 12 ~ 14 个月的时候学会用筷子，20 个月的时候学会用成人的剪刀。从 2 岁左右开始，我和孩子们一起做饭。因为我不太会陪她们玩，所以做饭的时候让她们站在旁边，给她们分一点活儿做。老二在 5 岁的时候就可以把南瓜饼煎得很漂亮了。虽然所有人都说不相信，但看到视频后大家都吓了一跳。老大 7 岁时在幼儿园读了日本儿童文学作家广岛玲子写的《神奇点心

店》，令老师大吃一惊。在没有课外辅导的情况下她在数学竞赛中获奖，还在作文比赛中获得第一名。

“请躺下休息一下。这样对你的腰不好。

“别再坐在办公桌前了，大脑需要休息一下。

“别再看书了。关灯上床睡觉吧。”

每当说出这样唠叨的话时，丈夫和我都会开玩笑说：“现在这状况不是很奇怪吗？”但我内心还是很高兴。

“父母都知道这个道理，我们经常看育儿书和各种专家的文章。我也想让孩子少上补习班，尽情地玩。但我很不安，害怕如果不安排她补习的话，其他孩子突飞猛进，只有她落后。你的那种信念到底是从哪里来的？每天只是带孩子玩，是怎么做到让她成绩优秀的？你真的不送她去补习班吗？”

其实我本想把培养孩子的做法像秘密一样藏得严严实实。我希望自己的孩子最好，这是心里话。我当小学老师时掌握的秘诀怎么能轻易说出来？我承认自己是个很贪心的妈妈，但是现在我知道，这个秘诀我不能隐藏，这也是为了我和我的孩子。我在班上看到一个不错的男孩，我希望我的女儿长大后能遇到这样的男生。我突然意识到，我的女儿或她的朋友们未来可能交往的男朋友都必须是受过良好教育、心地善良的人。我想把这个简单的秘诀广而告之，我女儿身边应该有很多这样的好朋友。

正是因为我遇到这些优秀的孩子，这本书才得以问世。作为一位家长和育儿前辈，我用智慧和信念来培养孩子。妈妈越放手，孩子越快乐，孩子就会做得越好，并且身心健康地成长。

第一章

学习好的孩子哪里与众不同呢？

“是不是小学阶段父母要参与更多一些呢？”

“并不是，只有家长才会这么想，而且到四年级左右就告一段落。据说从小学四年级开始就会出现放弃数学的孩子。为什么会这样呢？如果有父母插手的话，可以说是因为父母心急才放弃数学吗？即使此刻做得再好，被家长一手安排的孩子也不可能走得长远。”

每当我说自己是小学老师时，被问到的问题都大同小异，其中一个问题就是以“小学还是很重要的”开头。听到这句话，我想问：“那你是打算让孩子只读完小学吗？”家长们问我送孩子入学前该让孩子做哪些准备，上什么补习班，做什么习题集，在家该给孩子读什么书。但如果想把孩子培养成在学校学习好的孩子，需要关注的却是其他问题。

我在做小学一年级班主任时接触到的孩子，有的可以使用加减法运算，有的会背九九乘法表，有的甚至还能做三年级的除法题，为自己的数学水平倍感骄傲。在父母看来，这些孩子应该学习非常好，然而在老师看来却并非如此。家长所说的学习好的孩子，指的是在父母的要求下先人一步做好准备，被安排提前学习的孩子，他们只是当下看起来学习很好而已。

一年级时，很多孩子做了充分学业准备才来上学，但擅长跳绳或开酸奶盖的孩子却没几个。不仅没有几个孩子会整理书桌抽屉，也没有几个孩子能认真涂色。而且，在40分钟的课堂上能真正做到专注的孩子少之又少。然而，其中有几个孩子虽然没有超前学习，却可以把以上这些做得很好，到了高年级就开始大放异彩。

老师所说的学习好的孩子“将来”也会是学习好的孩子，并且是会自主学习的孩子。虽然他们还不认识英文字母，算术学得也很慢，但他们擅长使用剪刀，会整理衣服，在体育课上会排队，擅长这些的孩子能很好地适应学校。实际上，这样的孩子学习也会很好。不，是会变得学习很好！

我和学习好的孩子的父母讨论后发现，他们在一起实践“自发地放养式育儿”。当别人努力学习英语、语文和数学时，他们只是在家里按照孩子的进度耐心等待。孩子自己能做的事情，大人没有勤快地去帮忙，只是协助不足的部分。我也没有盲目跟从大多数家长的教育方式，只是让孩子们做作业、读书，以至于孩子连饭都没有好好盛过一次。即使孩子受伤了，我也让她们自己贴创可贴。刚开始的时候我很想帮忙，特别着急，但即使时间倒流再重新选择一次，我还是选择耐心等着孩子们。随着时间的流逝，我逐渐习惯了，也变得安心了，孩子自己能做的事也更多了。

在孩子上小学之前，我们应该思考如何让父母更明智地旁观，和孩子一起带着微笑完成漫长的学业竞赛。我想在这里向大家揭秘我们老师在办公室里总结的独到经验，还有一些因为家长们没有提问到而没能分享出来的故事。

01

学习好的孩子不经常去“保健室”
——情绪稳定

“老师！我这里受伤了。”

“哎呀，一定很疼吧，要去趟保健室吗？”

“老师，我也是！我昨天受伤了！”

“那休息时间去趟保健室吧。”

“老师，我这是上周受的伤，现在还疼！”

“这样啊，如果疼得这样厉害，我们休息时间一起去保健室看看吧。”

“老师，我也是！我也突然肚子疼。”

“老师！我和爸爸上次玩滑板车时摔倒受伤了。”

“老师！我 3 岁的时候出过交通事故。”

“老师！我 1 岁的时候……”

马上，孩子们就像比赛一样比谁伤得更重。这种情景似乎本该发生在一年级的教室里，实际上在三年级和五年级的孩子间，这种对话也时有发生。老师只能打起精神，寻找绝佳时机打断孩子们，又要保证不伤害他们的感情，然后重新把他们的注意力拉回到课堂上。如果错过时机，朋友、奶奶、七大姑八大姨，再加上电影中的受伤场面，都要被说个遍，话题才能结束。而且，被允许去保健室的孩子们在休息时间都要去保健室一趟。

我发现孩子们只要受一点点伤就嚷着要去保健室，即使看不到伤口也要去。刚开始我想，是不是因为孩子们在教室里坐不安分才要去的，以为学习好的孩子有定力才不会去，但实际上并非如此。孩子们就算说谎也想得到关心，哪怕是害羞的孩子也想得到认可。从老师到朋友，每个孩子都希望得到所有人的爱。回到家，他们希望得到父母的认可和关爱，这更是理所当然的。但是，学习好的孩子不常去保健室。

对孩子们来说，去保健室的行为意味着能获得情感上的安全感，他们想要得到认可，想要被爱。虽然只是很小的伤口，但贴上一个创可贴就足以让孩子们感到很满足。如果没有伤口，把写着他们看不懂的文字的药膏状乳液当成药帮孩子们涂上，告诉他们这样就不疼了，孩子们就会高兴地回到座位上。也有孩子带着几天前的旧伤来保健室，告诉我结痂愈合的伤口也很疼，其实孩子的本意并不是想去保健室，而是受了伤想得到安慰。

没有稳定情绪的基础，学习容易崩溃

低年级的孩子会对老师撒娇，吵着去保健室，努力寻求老师的爱和关注。到了高年级情况就不同了，“我想被爱”“我想受到关注”通常会以过激的行动或无力的样子来表达。在学习上也是如此。孩子一到青春期，就不再尝试寻求关爱了，他们像放弃了一切那样无精打采地坐着，等着确认大人们的爱。当你试图表现出关注时，他们心里虽然很开心，但会表现出拒绝，直到你远离，他们才会接受你。也有从小学低年级开始就不去保健室的孩子，他们通常学习很好。看着孩子们，我明白了学习是从内心的安定和温暖开始的。

你可能听说过马斯洛的需求层次理论，该理论认为人有5种需求，依次为生理需求、安全需求、归属感和爱的需求、自尊需求、自我实现需求。只有满足了生理需求，才会产生安全需求，满足了安全需求，才会产生归属感和爱的需求。简单地说，即使眼前有我喜欢的明星（虽然想满足自我实现的欲望），但如果内急（生理欲望得不到解决），就必须先解决内急才能去追星。

一旦解决了冷、饿和困的问题，孩子们就会想要得到关爱和认可，成为有归属感的人。如果这个欲望得不到满足，就不会产生上一层欲望，也就是学习的欲望。不经常去保健室的孩子们在家庭中已经被充分满足了这种对安全、归属感和爱的需求，所以会在学校里努力满足对自尊和自我实现的需求。来到学校，他们会很高兴地学习并照顾好自己，没有必要去保健室。

如果孩子们在家中对安全、归属感和爱的需求无法被满足，他们就会在学校里设法满足这些需求，在低年级的时候不管用什么方法都要努力得到关心，到了高年级也还是希望大人给予关心。有时他们会通过过分的或莫名其妙的举动引起人们的关注。

有的孩子会说受伤了也没关系，即使被同学撞到，也会豪爽地一笑而过，告诉对方不要担心。而有的孩子则会因为很小的伤口而号啕大哭。只是在经过的时候不小心被碰了一下书包而已，他们就会对朋友大吼大叫，还会激化成大吵。为什么会这样呢？因为他们没有对人的信任和被爱的经验。

没有被爱经验的孩子们信任的地方就是保健室。无论如何，进入温暖的保健室的瞬间，心情就会变得平静。作为教师，我偶尔会去保健室，只要看到加湿器喷出的白色水蒸气，心情就会变得舒畅。从某种角度看，这里能够抚慰心灵创伤，而不仅仅是治愈身体的伤口的地方。孩子们也许是在保健室寻找从父母那里得不到的爱和关心。

小时候展示出的情绪稳定，会在孩子长大成人后持续产生影响。有的人即使面对大事也可以放下，站起来安慰自己说没关系，然后再迈出下一步。即使遇到受伤的事也要安慰自己，这样就会逐渐成长为一个对现状感到不满足，为了更好的未来而努力学习的人，一个情绪稳定、心理强大的人。我希望我们的孩子都能那样长大。

如果想让孩子学习好，就不应该只培养基础学习能力，而应该从稳固“基础情绪”开始。在充满爱的状态下，孩子们能集中精力学习。

有父母抱怨：“我的孩子上小学时学习很好，但上初中后没遇到好的朋友，所以变成这样。”情绪稳定的孩子，即使一时交错朋友，总有一天也会变好的。还有一些孩子上小学时学习不太好，但到了初、高中就崭露头角。在温暖的家庭中形成稳定的情绪，并在此基础上不断积累学习，总有一天会学有所成。

看到情绪平和的孩子和他们的父母，我们就会发现，稳定情绪的方法非常简单。第二章具体介绍了这种既简单又轻松的稳定孩子们情绪的方法。如果你还在自责，不确定到现在为止自己有没有对孩子造成伤害，有没有给孩子创造出学习的稳定情绪，希望你不要担心。

就像抛开一切，迈出下一步的力量是“创造稳定情绪的基础”一样，父母也可以忘掉不开心的事情，迈出下一步。让我们记住孩子们总是在等待着我们的爱。

02

让孩子们比比这个就知道谁学习好了

——自我调节能力

“真的很神奇吧！我做一年级班主任快10年了，学习好的孩子跳绳也跳得很好。奇怪的是，如果跳绳跳不好就什么都做不好吗？”

这是担任多年一年级班主任的前辈说的话。把低年级的孩子聚在一起，让他们跳绳，就能知道谁学习好或谁将来会学习好。低年级的孩子几乎全部符合这个规律。在各年级老师开会时，老师们会像孩子的家长一样，经常炫耀班里谁表现得好。让人意外的是，在这里被提名的孩子一定跳绳跳得非常好。

“她就是你那天说的那个孩子吧？”把孩子们聚集在礼堂跳绳的那天，各班跳绳时间最长、跳得最稳定、最擅长跳的就是我们聊过的那些孩子。“你看我是怎么说的？我说得没错吧？学习的时候协调能力、适应能力很重要，如果掌控好自己的身体，就能学习好。”从那以后，为了女儿的学习，我没有教过她语文，但跳绳我教得很认真。

我自己做了4年一年级班主任。有35年以上教职经历的前辈说从没当过一年级班主任，那我当一年级班主任经历的时间应该不算很短。通过这些能了解到，小学一年级从入学仪式开始就能预见孩子们未来一年的学习生活情况。其实从排队就能得出答案（其他学年也一样）。入学仪式那天，背着书包排队等候的时候，有些孩子无法忍受这种等待，这就是预测他们未来一年的瞬间。

家长们好奇又担心，孩子在课堂上坐得住吗？坐得住的孩子就能好好听课，当然也有很多孩子虽然坐着，但在做别的事情。学习好的孩子大都在课堂上坐得住，他们在休息时间或早上的活动时间、不限制活动的时间也能好好坐着，这并不完全是因为性格内向。

跳绳、排队、坐好，这些都与自我调节能力有关。自我调节能力是指控制自己根据情况行动的能力，学校需要的自我调节能力有身体调节、关系调节、注意力调节、时间调节及计划调节。这不仅在学校、家庭中，在孩子的交友关系中也是基本技能。这不是“随心所欲”，而是拥有和别人一起生活时的协作能力。

比如，上课时想和朋友聊天，但因为看到其他同学在上课所以能够忍住；虽然排队很难，但集体行动的时候能排队等候；虽然很难安静地坐着，但能坚持坐住；虽然生气，但知道必须学会忍耐，当然，如果能用语言将不满情绪表达出来就更好了。

如果你的孩子聪明但注意力不集中

上课态度端正的孩子的共同点是自我调节能力强。在学校生活中，最基本的能力就是自我调节能力。如果具备了这一点，长大后就会成为一个自学能力强的孩子。如果你想把孩子培养成学习好的孩子，你就要先培养孩子的自我调节能力，而非基础学习能力。如果在身体还没准备好的情况下教学，孩子反而会成为一个散漫的聪明人，破坏课堂气氛。

如果在需要排队的情况下不能安静站着，或者比其他孩子多动，就应该观察下，孩子是不是缺乏自我调节能力，而不是活泼。这也是因为孩子虽然想安静地待着，但不知道怎样才能做到，因为他不了解自己的身体。教会学生控制自己身体，就能保证上课时他们即使不想坐也能坐着，跳绳对此有很大的帮助。

跳绳的规则简单明确，跳过绳子就算成功，没过就要重新开始。从小跳绳可以让孩子学会遵守规则，跳绳是一个人也可以做的一项比较自由且可以经常做的运动。虽然自己摇动绳子跳过去的行为看起来很单一，但是对培养自我调节能力有很大的帮助。孩子能体会到该如何调动自己的身体，挑战规定的数量，在不被绳子绊住的情况下跳 100 次这样的小目标有助于让孩子学会忍耐。

也许有的父母会想："那现在该送他去跳绳补习班了！"实际上，没有必要去跳绳补习班，培养跳绳运动员不是我们的目的。孩子在调整自己身体的同时，会思考如何才能更好地越过绳子，在反复失败和成功及逐渐寻找方法的过程中，自然会产生调节能力。除了身体的调节能力外，第二章中还会介绍培养其他自我调节能力的方法。

03

听写拿 20 分也依然自信的孩子，最后会拿 100 分
——内在动机

“老师，快别提了，孩子一年级时听写只得了 20 分，不知道我有多着急。”和学习好的孩子的父母聊天时，我会以为孩子学习那么好家长肯定没什么愁的了，却意外听到这样的话。也许是因为他们很谦虚，但事实并非如此。实际上，在担任一年级班主任时我发现，很多听写得分低的孩子到了高年级学习成绩变好了。这些孩子有什么不同呢？

能自主学习的孩子的共同点是“因为自己喜欢而学”。“100”这个分数不仅意味着答对了所有问题，也意味着他们尽了最大努力。做听写时有一个孩子在 10 个词语中只学会了 2 个，可能是因为孩子背 10 个很吃力，所以家长只教他背了 2 个。孩子在这两个词语上已经尽力了，因此，我给了他 92 分，

而不是 20 分。90 分是对他认真努力、不看别人的答案、诚实地学习 2 个词语的认可。第二天孩子兴奋地告诉我："妈妈说我对了 2 个做得很棒，回家的路上还给我买了冰激凌。"

孩子很高兴，说下次要学 3 个。"那就只学 3 个最简单、最短的句子吧。"孩子说要学习最长的句子。没人督促他，孩子却继续背了 2 个、3 个、4 个，结果在一年级结束的最后一次听写考试中得了 100 分。

指导孩子们听写的时候，无条件从 90 分开始打分，这是为了让孩子们自发想要得到更高的分数。没有一个孩子想在学校不及格，他们比谁都想学习好。当你需要让孩子们做些什么时，你就告诉他们："做了这个会变聪明！"那样大家都会很努力。如果孩子们每次都得到 60 分或 70 分等没有达到预期的分数，他们会感到疲惫。如果给答错 3 个的孩子打出 97 分，而不是 70 分，那么他在下次考试中很有可能得到 100 分。孩子们会为了让自己得到更好的分数而努力。

要培养孩子们的自主学习意识，就不能强迫他们学习。家长的任务是让孩子想学习，如果学习很吃力，可以尽量减少作业量，让孩子产生想学的想法。要降低设定的目标，培养孩子挑战的心态，对此不要吝惜称赞。要称赞孩子达到了他的目标分数，而不是把他的分数和别人进行比较。家长没有必要一定让他坐在那里听写，只要唤醒孩子想学的心就可以了。“只背一个词语就能得10分！那就做得很好了。”

这就是我们所说的内在动机。所谓“想做某事”的动机分为内在动机和外在动机，如果做某事是因为别人想要我们做，就是外在动机，而如果做某事是因为自己想做，就是内在动机。让人通宵达旦地玩电脑游戏和智能手机游戏的就是内在动机。“现在是做作业的时间了。”这是一种外在动机，如果将其转化为内在动机，孩子们就会主动坐下来学习。

不做比较，让孩子自主成长

“我正在努力按照孩子的节奏来培养他，但看着其他孩子，我就会心急。”

一位三年级学生的母亲说，她的孩子写字还是有困难。我说他已经做得很好了，照那个速度做就行。如果和其他孩子相比，就会觉得自己的孩子慢。我们只要看着孩子，让他按照自己的速度茁壮成长。虽然成长得慢，但终究还是会成长。

学习也一样。这并不是要对孩子放任不管，而是让他们按照自己的节奏去学。除非孩子天资聪颖，否则如果你不教他们，他们不可能自己就能学好。这确实意味着你需要有耐心，在情绪上不要把他们逼到墙角。这时家长也要好好利用内在动机。你要做的事情就是让孩子产生想学的意愿，而非不断地教孩子更多的东西。

要帮助孩子从自我认知的快乐开始，即从内在动机开始学习。如果孩子对了1个，就为他学会1个高兴，他对了3个就为他学会3个高兴，积极给出高兴的反馈，即使是演戏也要这样做。孩子在积累这种喜悦的同时，也在积累自己的成功经验。随着孩子内在动机增强，他们的成功经验也会有条不紊地累积起来，孩子就会自己主动学习，因为分数提高会很有意思。虽然“我要为了自己的未来而学习！”是最好的回答，但孩子小时候很难意识到这些。

“为了让妈妈高兴，所以要学习啊！”的心态是内在动机。“不想被妈妈骂啊！答错一题，就会挨骂！”是外在动机。通过内在动机积累的学习，经过青春期，到了初中、高中，最后会发展成为自己而学习。

抚养婴幼儿的家长们希望孩子们小时候多识字而开始学习，这让学习的出发点从外在动机开始，不是因为实际需要才学识字，而是从妈妈和老师指定的学习开始。第一次学习就经历外部动机，这一点令人担忧。我想读书，想自己写名字，想读街上的招牌，这才是内在动机。如果继续发展这种好奇心，就能体会到自主学习的乐趣。

因为我需要知道自己的名字，写名字的时候会得到妈妈的称赞，这种称赞和将练习本上的词语“大象”写在纸上时得到的称赞有微妙的差异。要注意，在开始对识字产生兴趣的时候，如果突然把习题集拿出来，就会让孩子认识到学习不是根据自己的需要，而是有人让他们学习。如果孩子对识字感兴趣，想要读写什么，只需要告诉他如何读写，其他的就不用管了。

在学习一门新语言的初期阶段，如果突然接到大量任务，即使是成年人也会因为厌倦而马上放弃。每个孩子开始对识字产生兴趣的年龄各不相同，孩子自己认为有必要开始时，学习的速度就会很快。四五岁时需要一年时间进行识字启蒙，在六七岁后只需两三个月就能完成。如果担心开始识字太晚了，那就尝试去关注一下不识字也能学的东西。如果你的孩子到了7周岁还对识字不感兴趣的话，那时家长带着稍微着急的心情再开始也不迟。

有些家长读到这里可能会想："我已经让孩子开始用习题集学写字了，怎么办？"完全不必担心，从现在开始做就可以。培养学习的内在动机可以在任何年龄进行，即使在成年后也能取得成就的人的故事就是明证。任何时候都为时不晚，从现在开始，你只需要为了孩子得到的分数喝彩就可以了。让得到60分的孩子得90分的方法并不是给孩子找好的补习班和习题集。虽然心里非常焦急，但你可以这样说："你考了60分，太棒了！"然后称赞道，"下次我们争取拿70分！"

04

折纸厉害的孩子语文也学得好
——语言理解能力

不能同时给孩子下达多种指令。尤其是对一年级的孩子不能一次讲很多东西。比如要把彩纸对折，顺着右边剪下指甲宽度的纸条，这就要分几个阶段进行讲解。

“来，拿出一张彩纸。都拿出来了吗？”

确认 30 人是否都拿出了彩纸，这需要 5 分钟。

“接下来把彩纸对折成长方形。请好好看老师怎么折。”

然后要确认孩子们是否全部折完。本应只需 30 秒，但常常要花掉 5 分钟。

“把剪刀拿出来。”

虽然让大家提前做好准备，但他们绝对不会都这么做。

“好，请举起右手。不是左手，是右手。只剪掉指甲那么宽。”

“老师，是左边还是右边？”

“右边，是右边。大家一起跟着做吧。是右边。”

“老师，我剪错了。我从中间剪下来了。”

“老师，你剪的是左边吗？”

“来，孩子们，看着老师。我们该剪哪里呢？”

“右边！”

“是的，做得很棒。现在所有人都把右边剪掉指甲那么宽。老师再给大家演示一次。试试像老师这样做。好，都弄好了吗？”

“老师！”

“好，要老师帮你吗？”

“你要剪左边还是右边？”

“老师，我想去洗手间。我不会用卫生纸擦，老师可以和我一起去吗？”

停止给其余 29 人教折纸后，我陪这个孩子一起去了洗手间。我已经做了很长时间的一年级班主任，很清楚孩子入学时应该准备什么。为了让老大尽快适应学校，我让她努力做的只有两件事——跳绳和折纸，而不是语文和数学。前辈老师的话有时像试题集的答案一样，虽然不能理解，但只要背下来就不会错。

“擅长折纸的孩子学习也很好。”这是一年级教学组长对当时新入职的我说的话。自从孩子满周岁时起，我一无聊就带着孩子去文具店买彩纸来折。这是出于想把孩子培养成学习好的孩子的欲望。

擅长折纸和学习好之间到底有什么关联呢？据说学习好的孩子们折纸也很好，这可能和手部肌肉发达有关，这句话没错。很多人都听说过多动手与大脑发育有关。虽然通过活动双手、做细致的工作确实能促进小肌肉发达，但我们在学校看到的是折纸与语言理解能力有很大的关系。

“语言理解能力”这个词被大众开始使用的时间并不长，但“语文好的孩子学习好”“语文好数学才会好”的道理所有人都知道。识字只是从语文这一科目换成了语言理解能力，它一直是学习的重要组成部分。学习中最基本的能力就是语言理解能力。如果说以前语言理解能力单纯是指阅读和理解文章的能力，那么现在它是指能够进一步阅读，将理解的内容用自己的话来解释的能力。例如，语文常见的问题形式是“请写下你这样想的理由”，而数学常见的问题形式则是“请写下解题过程”。科学、社会、英语、道德等科目都以这种形式出题，都需要孩子能用自己的语言进行说明和解释。

还要拥有对数学的理解能力

让我们再回到折纸，仔细阅读一下折纸书。以下是为孩子们准备的折纸书中出现的句子：

“把它对折再打开。”

“用剪刀沿着线剪。”

“将剪开的部分向上折起来，做成圆柱状。”

“展开两边后，分别在 3.5 厘米处做标记。”

为了理解书中在说什么，你可能要读好几遍。而且，你还要把说明和图片匹配并联系起来，按顺序折叠。你必须把平面的图片想象成立体的，并把它转化成实际的折纸，如果不理解的话，你就慢慢地、仔细地反复读几遍。

所谓语言理解能力，归根到底就是读懂文章的能力。从这一点看，折纸书并不是单纯的游戏书，它比阅读理解的习题集有趣多了，即使家长不让读，孩子也会自发去读，孩子自己还能通过折纸来确认读懂与否。这是一项将平面立体化、文字视觉化和用折纸表现复杂而多样的事物集中在一起的“性价比第一”的活动。理解意思，并用实际折纸来表现这一过程有助于培养语言理解能力。

因此，擅长折纸意味着具有一定的语言理解能力。你也可以在视频网站上找到很多折纸视频，但“培养语言理解能力的折纸”是指读折纸书并自己思考的过程。孩子不仅要读书中的说明文字，同时还要经历亲眼确认的过程，因此语言理解能力必然会提高。

但我这么一说，有些父母又会想到折纸补习班。其实，谁来教折纸其实都没关系，我并不是说要把孩子培养成擅长折纸的孩子，而是说看折纸书，自己努力理解其意思的过程对孩子有帮助。如果读了折纸书之后也无法理解，孩子就会反复折叠。在折叠的过程中，孩子的接受度变得更强了，他们一定会经历一点事情没做到就发脾气、流眼泪的过程。只要到书店买一本孩子喜欢的折纸书，再买一箱彩纸，家长的任务就完成了。

折纸对数学的语言理解能力也有帮助。数学中的语言理解能力是指阅读和理解题目的能力，特别是如今的数学教科书上的题目都很长。为了更好地理解数学题目里的长句子，孩子就要学会用图画来表现它，但要通过把句子转化为符号使其形象化。折纸书使用符号和短句来说明折纸的过程，在解决数学问题的过程中，这些符号非常有帮助。

为了培养孩子拥有语言理解这个新能力，父母们又开始苦恼了。但这其实是学校从几十年前就开始强调的能力。“读书”就是在运用语言理解能力，但智能手机的普及导致很多成年人习惯于阅读短新闻或短文，而无法阅读长文。希望家长们不要为了培养这种能力，再为孩子多报一个新的补习班。

孩子们一直喜欢听大人们给他们读图画书。所以不要担心，因为我们的孩子已经有了语言理解能力。这不是很难培养的能力，我将在第二章再介绍一些简单的方法。

05

一年级不会背九九乘法表的孩子，长大以后数学也会很好

——元认知

“我们要学算术，同时也要锻炼思考能力。如果必须在二者中做出选择，那学算术更重要。要计算更快，提高速度。”“我的孩子现在加减法都算得很慢，我知道别人家的老二才6岁就已经会背九九乘法表了，我不知道他们是怎么培养的。”

作为一个幼儿园和小学低年级孩子的妈妈，我经常和同龄的妈妈们谈论与学习相关的事情。但我发现我们对数学有两个巨大的分歧，有时我对此只能置之不理。

第一个分歧是要让孩子们练习正确的加减法。拿着秒表，检查他们的解题速度有多快，如果答错的话，就让他们反思为什么会错。我们让孩子们机械地练习，试图把他们培养成加减法的高手。

第二个分歧是背诵九九乘法表。家长看别人家的孩子已

经开始做乘法、除法练习了，就会担心自己家的孩子好像已经晚了。因为心急，所以放九九乘法表的歌曲帮助孩子背诵，并通过做算术习题集测验孩子是否能正确背诵九九乘法表。甚至有的一年级的孩子就能把乘法表背得很熟，看起来学习很好。一年级就做乘法题，真是了不起。看上去好像只有自己的孩子起步晚了，但事实并非如此。

最近经常听到“元认知”这个词，它和“语言理解能力”这个词一样，也是教育领域的关键词。正如语言理解能力不是从某个地方学到的一样，孩子的元认知以自我调节能力、内在动机和语言理解能力为基础，是家长适当放手才会产生的，不会凭空而来。自我调节能力、内在动机和语言理解能力都需要孩子自己去摸索，所以元认知也是需要孩子自己去感悟的。

没有学习元认知的方法，元认知是成长的练习本，不是可以去哪里学习的东西。简单地说，这是一种大脑活动，它想知道自己不知道的东西。正如语言理解能力不是新产生的概念一样，元认知这个概念很久以前就存在，只是换了一种时髦的说法而已。

如果更简单地解释一下元认知，那就是靠自己掌握知识和方法，而非通过学习。传授知识和方法，让学生跟着做并反复练习以免出错，我们把它称之为学习。而我们总想教人学习，但学习是为了减少自己不知道的东西。要想减少不知道的东西，首先要了解自己不知道的是什么。

学习不是学习知识，我们上学时学的科学知识已所剩无几。熟记知识只是单纯记忆，学习是了解知识的过程。我们要教给孩子的不是知识，而是掌握知识的方法。如果这样去理解元认知就很简单。

如果自认为已经会背九九乘法表，就不会认真听老师讲解九九乘法表的原理。在数学中，符号只不过是表达长句的一种简单的方式。先知道了符号，就不想知道符号背后的含义。如果不知道乘法表，就会带着好奇去理解乘法的意义，并在拔高题里使用它。基础题可以靠背九九乘法表解决，拔高题却不能用九九乘法表求解。

绝对不要这样教孩子

“2+2+2+2+2+2”用乘法简单地表示为“2 × 6”。这样做的目的是从长句子中找出乘法的意义，将加法式转换为乘法式，以更快地使用乘法表计算。但通常情况下，得到的结果恰恰相反，先背九九乘法表的孩子们并不擅长解决拔高题。

学校用平均水平的问题进行评估，因此会背九九乘法表的孩子似乎更容易得分。然而，当遇到高难度问题时，即使不会背九九乘法表，掌握其原理的孩子也能解决这些问题。这个自己想办法掌握知识方法的过程就是元认知。如果反复这样做，孩子就会自然而然地学会九九乘法表。当被提问“9乘9等于多少”时，孩子不会自动得出81，而是在脑海中描绘这样的过程：9可以用10去估算，10的9倍，再减去剩下的9就是81。

不仅数学，语文、科学、音乐、体育等所有科目的学习都需要元认知。元认知不是在传授知识的时候产生的，所以父母不要强行教孩子知识，不要总是让孩子死记硬背。要自己去探索、去寻找，为此绞尽脑汁，甚至又哭又闹、发脾气，这样孩子才会产生元认知。让我们一边为孩子加油鼓劲，一边守望着他们吧。

超级简单的行动计划

为成功打基础的“准备站”

“老师，我能做这个吗？”

这是孩子们在学校里最常问的问题之一。他们会问饭后能不能喝果汁，或者如果他们是左撇子，能不能用左手握笔。孩子们很难自己思考和做决定，因为他们还没有足够的经验。

我们应该从小培养孩子们的自主生活态度，即自己决定做什么。这种态度来自选择得到尊重和认可的经历。然而，在孩提时代，我们总是被父母逼着做出选择。这很危险，你会受伤的，你必须听妈妈的话，诸如此类。

我还记得孩子们小的时候会说：“我不要这个勺子，我要兔子勺！”“妈妈，我今天不要筷子，我要叉子。”如果我煞费苦心地摆好餐桌，她们一坐下来就会要求换餐具。有的时候她们会用粉红色的餐具吃饭，有的时候则用紫色的餐具。有一天她们要用玻璃杯喝水，第二天又要用塑料杯，我不可能满足她们的所有要求。

有时我想让她们自己选择餐具，但放餐具的抽屉里还有刀和厨房剪刀，很危险，并且她们踮起脚尖也很难看到自己喜欢的餐具。于是我决定创建一个“准备站”。

Prep Station 的意思是“准备站”。蒙台梭利教育中会使用这个方法。“准备站”中包括杯子和盘子、餐具和叉子、水和大麦茶、玻璃杯和塑料杯，以及用于擦拭和处理洒出物的纸巾和垃圾桶。这是一个能满足孩子所有需求的空间，自从建立了这个空间，我与孩子们的“战争”就完美结束了。这个“准备站”从幼儿时期到上小学都可以被充分利用。

多给孩子们创造成功的体验吧，这并不难做到。成功不是要取得多大的成就，而是能够执行自己做出的选择，得到认可和尊重。要成功，需要经历失败。“我告诉你要小心一点！出去！擦一擦！”不要对孩子发火。如果打翻了东西，他可以从“准备站”拿张纸巾自己擦干净。当需要你去处理烂摊子时，

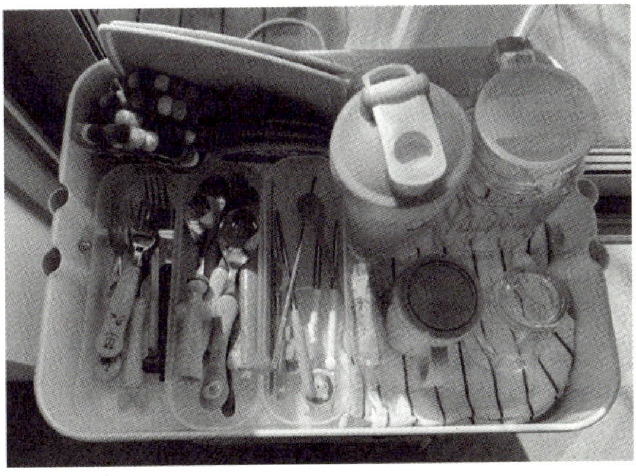

“准备站”配有活动搁架，方便孩子们取出所需物品

你会生气，若孩子自己处理，你就不会生气了。孩子们也会明白，当他们犯错时，改正错误就可以，无须受到惩罚。

多给孩子们体验的机会。比如，让他们在超市自己挑选牙膏，在书店里自己选书，自己挑衣服，和大人一起做饭、打扫卫生。身边有很多事情可以让他们感受到小小的成功，且不一定与学业有关。你可以帮助他们积累一些小小的成功，这样他们就能在学习中体验到成功。

不断让孩子们动手做一些事情，还将有助于他们发展精细动作技能。字写得好的孩子学习好，学习好的孩子字写得好。这是“先有鸡还是先有蛋”的问题，但我相信，字写得好，学习才会好。你可能听说过，大脑的发育与手有关。那么，如果你的小肌肉发达，你的大脑也会发达，从而学习也好。

如果你想让孩子们把字写得工整，并不需要让他们写很多字，而是要让他们做很多手部操作活动。开发手部的不同肌肉，让他们在握笔时能使用不同的肌肉，这样就能写出漂亮的字，而且书写起来也很轻松。如果只是一味地书写，字迹是不会得到改善的。手部的大肌肉和小肌肉必须得到很好的锻炼，才能完成精细的工作。

为了培养孩子的精细动作技能，日常生活中要让孩子多摸、多试、多制作、多用手。孩子们如果想在家里做什么，除非很危险，否则就让他们自己做：打扫卫生、洗衣服、洗碗，即使看起来很笨拙、很乱，也应该让他们去尝试。我希望我的孩子在家里有很多体验。正确的情感始于父母相信孩子有能力自己做出正确的选择和解决问题，你只需要划清界限、制定标准。“准备站”只是一个例子。从小事做起，让孩子自己选择和执行各种体验。

第 二 章

培养4~7岁孩子自主学习的“躺平式”育儿

“我自己来！”

一切都想要自己做的孩子们每天都吵着“我自己来，我自己来”。这种倾向一般从孩子断奶开始，4 岁左右达到顶峰，7 岁开始消失。问题是，如果在这段时间不好好引导，等进入小学阶段，这种倾向就会发展成凡事都要“妈妈来”。

心理学家爱利克·埃里克森（Eric Erikson）认为，人类的人格发展将经历 8 个阶段，其中，第二阶段“自主性与害羞和怀疑的冲突”属于婴儿后期，第三阶段“主动性和内疚的冲突”属于幼儿期。如果在这两个时期，孩子不能很好地发展自主性和主动性，就会产生羞耻、怀疑和内疚感。

“我是一个什么都做不到的人。”

“我总是失败。”

“我自己做会被妈妈责骂。”

在孩子应该发展自主性和主动性的时候，父母一定不能代劳，否则希望孩子上小学能自主学习就是痴心妄想。不成熟的自主性和主动性在孩子长大成人后也会持续影响他的成长。简单地说，家长要做的就是放手不管。孩子说“我来做”

时，就回答“好，你做吧”，给孩子充分的自主性和主动性，以及充分的发展空间。

如果想把孩子培养成学习好的孩子，就应该好好利用这一时期。特别是在4～7岁的时候，孩子能做的事情很多，身体也发育到了一定程度，因此可以通过做饭、运动来增加创造力。一般从4～7岁，父母就开始为孩子寻找各种补习班，其实孩子进入小学后再开始学习也不晚。如果你着重培养孩子的自主性和主动性，那么即使没有父母的帮助，孩子的学习能力也会得到很好的发展。

自主性和主动性的核心是父母的自发性旁观。别指挥他们做什么，就放手让他们做吧：把衣服叠得乱七八糟、造奇怪的字、翻抽屉、把屋子和厨房弄得乱七八糟，等等。要让他们捣蛋，这样才能成长，才能学习好。孩子们有多逆反，心里就会形成相应的主动性和自主性，孩子们制造的可爱事故也只是一时的事情。

06

不打扫房间也没关系

“要是把这个弄脏了，妈妈会打死我的！”

从第一节课到第四节课，学校只教语文、英语、数学、科学等核心科目，有时会让孩子们感到疲惫。中午，我带孩子们出去玩沙子，他们怕弄脏衣服，不敢尽情玩。“没关系，爸爸妈妈会理解的。”可孩子们还是一直坐在树荫下。一个孩子正疯狂地舀水、玩沙子，突然想起回家会挨骂而呜呜大哭。我看着他们，联想我的孩子去学校会是什么样子。这让我反思作为母亲的自己。

打扫完卫生后，我训了孩子一顿。“妈妈替你收拾了你弄乱的东西。你要住在这么脏的房间里吗？”一边收拾着，一边觉得很生气，我就对丈夫说了几句，还对在我旁边玩游戏的孩子深深地叹了口气。孩子一边玩，一边看我的眼色，游戏结束后主动去整理了一下房间。

有时候下班回家，我会给孩子做一顿丰盛的家常饭，对孩子说："别再玩了，快吃饭。能不能不要挑食？"我一边在饭上放一个煎蛋，淋上酱油搅拌着，一边问孩子今天做了什么。微笑着用爱来准备饭的话，这顿饭会更有营养。

让我后悔莫及的事真的很多。有一次，我给孩子穿上漂亮的衣服，去参加朋友的婚礼。孩子在吃饭的时候把食物洒在衣服上，我很生气。衣服很贵又不能水洗，我没办法对孩子和颜悦色，导致孩子后面都不能安心吃东西。我嘴上说是为了孩子，其实都是为了满足我自己。

"给你买了衣服，怎么出门反而不穿！"就这样，我和孩子吵了很多次架。"妈妈盛装打扮，却这样把邋里邋遢的孩子带出来？"我因为在意别人的看法才会这样想。于是我决定不再关心周围人的看法，决定让孩子穿舒服的衣服，也容易洗，我自己穿正式的衣服就可以了。我希望孩子能穿更耐脏的衣服去学校，可我也同样担心，如果不给孩子穿好衣服去学校，别人就会认为自己是不关心孩子的母亲。如果只给孩子穿舒服的衣服，班主任会怎么想我的孩子，所以一到新学期，即使勉强也想给孩子买件好衣服穿。但其实老师们并不在意孩子们穿的衣服有多好，反而更希望家长们给孩子们穿方便活动的衣服。

在美术课上，有怕衣服沾上颜料而小心翼翼的孩子，还有因为衣服沾上颜料怕被妈妈骂而躲在卫生间不出来的孩子。也有孩子会说："衣服蹭到颜料也没关系，妈妈说沾在衣服上的东西可以洗掉。"也有孩子无论是美术课还是体育课，或自由游戏时间，都光着脚在操场上打滚，他们对衣服上沾到什么东西好像无所谓。也有孩子玩得很开心，回来喝一杯水，就再次在教室里集中精力学习。他们的眼神每时每刻都闪闪发光，这就是玩得好、学习也很好的孩子。

没有人想把孩子培养成只会学习的人。为了能让孩子放松神经好好生活，家长们应该放下让孩子时刻保持整洁的执念和给孩子穿漂亮衣服的欲望。

想一直玩的孩子们

孩子们即使把房间弄乱也没关系。因为收拾好了很快还会被再弄乱，不如只在固定的时间去打扫。如果碗没有刷完，可以推迟，隔天早上有力气了再收拾吧。不想做饭的日子出去吃就好了，散步时再给孩子买几本书。

我要告诉那些担心自己太懒惰的家长一个更重要的事实。即使是为了孩子们游戏的连续性，也不要时时刻刻清理他们的玩具。孩子们注意力集中的时间很短暂，很难把一个游戏玩到最后。所以如果在孩子们玩第一个游戏的过程中收东西，他们就要开始玩第二个游戏、第三个游戏。第二天，他们不得不继续昨天的第二个和第三个游戏。很多孩子会生气地问："你为什么把我的桌子收起来？"妈妈往往会生气地说："都弄得像猪圈一样了，我怎么能不收拾？"但是孩子们都有不收拾的理由，因为游戏还没有完成，或是留了下来要明天做。有些父母坐在孩子旁边一直收拾玩具的做法是错误的，正确的做法是让孩子继续玩下去，然后问孩子什么时候该收拾。

你可以这样问："妈妈可以拿走这个吗？"或者手里提着袋子说："如果能把要扔的东西装在这里扔掉就好了。"等孩子们都做完了，只剩下夫妻俩的时候，再尽情去打扫怎么样？

豪华大气的家固然好，但是让孩子们可以安心休息的家更好。穿漂亮高级的衣服不错，但如果可以穿撒欢玩耍的衣服就更好了。这样长大的孩子去学校也可以放心参与自己想做的各种活动。孩子们因为要保持衣服整洁而不能好好玩耍的样子令人惋惜。看到孩子们弄脏衣服的时候，我们应该一起去安慰他们："没关系！"

我曾经出门把衣服穿反过，自己却没发现，正在陪孩子玩的时候，旁边的奶奶翻了一下我的衣服说："衣服穿反了。""是啊，养孩子真的太忙了。"

07

让孩子自己吃饭

老大读完一年级第一学期，我们全家就跟随被派遣到海外的丈夫到法国生活。可以想象，对于不会说法语的孩子们来说，学校是一个怎样的地方，但这是她们不得不经历和克服的问题。在法国，孩子们的自主性变得更加突出。如果孩子们没有这种自主性，我可能会和她们一起哭。

法国的小学从校门口开始就严格禁止家长进入（幼儿园允许家长陪孩子到教室门口）。过了几天我才听说孩子上学第一天差点没吃上饭。本来应该吃饭了，她却静静地站在操场上不动，韩国朋友看到后才把她带到食堂吃饭。听到这些我不免有些心痛，但好在都解决了，吃上饭就行，而且她也知道怎么去食堂了。上学的第二天，孩子记错了教室，站在外面不知所措。我问她后来是怎么做的，她说是随便进了某个教室问的。虽然很担心她会尴尬，但我更为她坚强地战胜困难并解决问题而感到骄傲。

在老二就读的国际学校幼儿园里，老师不会出面帮忙。他们只会早上跟孩子们打个招呼，然后看着孩子们自己整理。孩子们还要自己去走廊的卫生间上厕所。

“在这里，所有的事情都要自己做！”

从幼儿园回来的老二的欢呼声中，我们可以听出她感到很满足。所有的事情都要自己做，但班主任在孩子哭的时候也会把她抱起来安抚她。孩子披头散发地回家，还独自收拾了卫生间。虽然书包里乱糟糟地塞着喝过的水、零食盒和作品，但孩子的心里却装满了温暖和从容。

孩子们的这一面是需要花时间慢慢养成的。两个女儿在断奶食品的帮助下学会了等待，这样的等待帮助她们积累了坐在椅子上慢慢探索食物和世界的经验。所以，吃自助餐时即使没有手机、平板电脑或玩具陪伴，当我们夫妇暂时离开座位准备食物时，孩子们也会乖乖地坐着吃饭。她们的良好饮食习惯，让我们在任何餐厅、任何旅行地都度过了愉快的时间，现在也是如此。而我们为孩子们做的事情，仅仅是钻到餐桌下面，把孩子们洒出来的食物擦干净。

培养学习需要的所有能力

老大最开始吃的辅食是米汤。我不知道她到底吃了多少，反正汤经常洒出去一半。我给孩子拿了 5 个勺子，但都被扔在了地上。虽然脸上粘得到处都是，但她吃得很开心。我没有把这当成是吃辅食，只在碗里装了一点米汤、蔬菜和肉，我认为里面的营养不够，但这只是个吃东西、享受食物的过程而已，不足的营养还要用牛奶来补充。

当时，除了粥，我没有任何现成的辅食菜单，所以只能自己研究开发新菜单。虽然能做的不多，但蒸熟的蔬菜条和水果、面条这些准备起来很简单，孩子也吃得很开心。为了让孩子们学习如何吃东西，我经常和她们一起吃饭。

老大的表现让我认识到了练习吃辅食的必要性。孩子可以通过练习吃辅食培养学习需要的所有能力。事实上，能自己集中精神坐着的孩子不是每个家长都梦寐以求的吗？老大无论做什么，哪怕要 2 小时，也能长时间坐在桌子边。老二也是一样，在 36 个月大的时候，她和姐姐一起在陶艺工坊上了 3 个月每次持续 1 小时的“做陶碗”的课。老师对此很吃惊，我也很吃惊。

老大是个爱吃饭的孩子，吃什么都很香，也不偏食，生病时能吃饭，吃药也不在话下，所以孩子断奶加辅食的过程很顺利。但老二就不这样，她的断奶过程就像一场耐心测试。老大 1 周岁时是 11 公斤，马上 4 周岁的老二才 13 公斤，吃的量还很少，时常把食物吐出来说不喜欢吃，根本不张嘴。有时她完全不吃东西，有时我喂她才能吃进一点。

但我没有放弃。今天没吃，第二天就吃了，有时候所有食物都掉到地上，有时候都吃到了孩子的肚子里。如果我执着于“喂辅食”，估计不到一个月就会放弃。

从 5 个月左右开始，老二吃辅食最终取得了成功。孩子虽然吃得不多，但会和我们一起吃饭，长时间坐在座位上也会自己吃。这样养成的习惯在幼儿园产生了良好的影响，刚满周岁的老二在幼儿园里玩了 40 分钟和面游戏，让老师们大吃一惊。其他小朋友在吃饭时间走动的时候，她会一直坐着把饭吃完，我认为这也是努力练习吃辅食的结果。

即使吃得少，也要坐在座位上和家人们一起吃饭。通过老二，我意识到吃辅食并不是吃多吃少的问题。每个孩子的食欲大小和饭量都不一样，培养良好的饮食习惯和自主进食能力才是关键。

让到处乱跑的孩子乖乖坐在座位上吃饭是检验做父母成熟度的重要标准。我也很清楚借用智能手机放视频能够吸引孩子的注意力，偶尔也会陷入那种诱惑。但自从孩子们正式开始吃辅食后，我就不需要能引起孩子们兴趣的东西来辅助了。孩子们稍微长大一点之后，我就开始让她们参与准备食物的过程。例如，在家里做饭时让她们帮助摆好餐具，或在餐厅里和她们做很多简单的游戏。其实仅仅让孩子们帮忙摆餐具就能给他们带来很大的快乐。

08

妈妈和孩子，谁更难过？

“如果我摔倒了，妈妈会生气。疼的是我，不知道妈妈为什么生气。”早上上学的路上，某个孩子摔倒后挨骂，我听到后直拍自己的大腿。我也是这样长大的，我对孩子们也是这样说的。生病的是孩子们，我为什么要生气呢？孩子生病了，她一定很伤心。我原本可以问她“没事吧”，却平白无故拉着她的手生气地说：“怎么这样不小心啊！”孩子虽然很疼，却因为怕妈妈生气不敢叫疼。老大 4 岁的时候因为什么不顺心的事而耍赖哭闹，哭了太久，我一边骂一边哄，尖叫着让孩子别哭了，什么办法都试过了她也没停。我郁闷地问旁边 7 岁的外甥女：“瑞英，小姨该怎么做呢？她怎么哭成那样？该怎么说才能让她停下来？”

外甥女说：“应该等她哭完了再问她‘你还好吗？’”

我从孩子身上学到了养育孩子最重要的方法。“你还好吗？”这句话的力量真是强大，它就像一个魔咒，不骂孩子也能让他停止耍赖。孩子哭闹要么是大人不让他做某事，要么是哪里不如他的意。作为家长，你会因为孩子为一些荒唐的理由哭闹而感到生气。但请想一想，是孩子更难过，还是家长更难过？孩子哭也许是因为听了妈妈的话，想着自己不要哭，并在自我安慰。你没有让孩子按自己的意愿去做，所以可以等一等，等他停止哭泣再问：“你还好吗？”“我知道你因为做不到而很伤心，但也许下次你就能做到了。”不必对孩子太苛刻。平静地坐下来问问孩子什么时候没事，找好时机给孩子一个拥抱就好了。

孩子长大了也一样，虽然他以后会做更多家长不让做的事情，但是我们的孩子还是会轻轻地问：“妈妈，我可以做吗？”如果说不行的话，反应都一样。长大的孩子对妈妈发火，就像小孩子哭闹耍赖一样。孩子生气的时候不要一一做出反应，跟他一起吵。如果你不打算让他这么做，就不要傻傻地把精力放在阻止孩子的情绪上，等孩子发完脾气后再问：“你还好吗？”家长不希望和孩子的感情受到影响。如果你让孩子做什么，他却发脾气，那就专注于孩子正在做的事情吧。虽然发脾气，但孩子也在做。

请你站在我这边的“信号”

孩子们吵架后，大人一定会扮演调解者的角色，但不要过分介入孩子们的争吵。在我刚当老师的时候，如果孩子们吵架，我一定要分清是非对错，追究是谁先开始的，谁做错了，并让他道歉。但这并不是孩子们想要的。

孩子们打架后经常向老师告状，我一到休息时间就忙于处理大大小小的诉状。遇到严重的情况我还会给学生父母打电话，但小的争吵只要双方稍加体谅就很容易解决。“哎呀，你一定很伤心吧。”这样孩子们就会回到座位上，若无其事地又开始玩了。孩子们很善良，不希望有人因为自己而挨骂。他们说：“老师，你没骂他，我很高兴。”我总是能从孩子们那里学到东西。

孩子们告状只是单纯地发出希望你跟他们站在一边的“信号”。大人需要做的就是共情，但是大人总是想解决孩子们的争吵，追究谁的错误更严重，把事情闹大。作为打架当事人的孩子们都已经不再生气，事情却演变成家长们之间的争吵，这样孩子们之间的关系也逐渐疏远。

“我朋友和我吵架了，我可以自己解决，但我妈妈把事情闹大了。”如果孩子回家告诉你他和朋友吵架了，父母就会很伤心，觉得自己孩子受到的伤害更大。但当事人是孩子，伤心的也是孩子。父母只需要好好倾听，给予共情，跟他说你真的很难过，问一下孩子想怎么解决，然后就等待吧。不要出面把事情闹大，正如前面所说，孩子们不希望有人因为自己而挨骂。他们只需要妈妈能站在自己这边。

“就是因为你这么做，朋友才会那样啊！”“是谁？”“去问问他的电话号码。”“妈妈告诉老师！”孩子们反而会因为这样的话受到更多伤害。孩子们只是需要共情。父母出面后，剩下的只有孩子们之间的不愉快，以后想再一起玩就变得困难了。和朋友吵架伤心的是孩子，不是妈妈。

让兄弟姐妹之间的争吵愈演愈烈的也是父母。“你们这样吵架，谁最难过？你们要一直这样吵吗？”骂了她一顿后，老大说：“我最伤心了。”是的，孩子最伤心。如果父母说：“天哪，如果妹妹那样的话，你会很伤心的。”“哎哟，姐姐那样的话当然会伤心啊！”只说这些就可以了。不要被孩子们的情绪左右，要仔细辨别他们是担心、难过还是愧疚，不能用愤怒来表达所有这些不同的情绪。

在情绪稳定方面，最基本的是共情。在共情的基础上，孩子应该有机会自己排解情绪。如果孩子感到伤心，请理解他的伤心；如果孩子生病了，请理解他的痛苦；如果孩子生气了，请理解他的愤怒。不需要父母努力去解决孩子的情绪问题。“你还好吗？”这句话是维持稳定情绪的秘诀。

09

严厉批评孩子也没关系

早上训斥完孩子们再送他们上学，你整天都要操心孩子们的状态。当你和孩子们交谈时，你会感觉孩子们充分认识到了自己做错的地方。但他们还是会生气。妈妈一定要那样说话吗?

等孩子睡着了，我也会握着她的手说对不起，看着孩子的脸，心中无比苦涩。无数育儿书和纪录片告诉我们，挨骂长大的孩子大脑发育缓慢。我不应该责骂孩子，这让我更加自责，对自己更生气。

管教可以为孩子制定行动标准，让孩子成长为正直的大人。你需要把应该做的和不应该做的都说清楚。在你不得不管教孩子的情况下，你就不能做过度温柔的妈妈。管教孩子的时候应该尽量不带怒气，但实际过程中难免带着“生气”的情绪，最后对孩子感到抱歉。如果你发现自己在每次管教中都使用了愤怒的语言，那就应该在说话方式上下功夫。在快要发火的情况下最好只简短地说一句“停”，然后结束。

孩子和爸爸一起玩很高兴，玩笑容易开过头。爸爸突然生气表露出不开心的情绪，孩子的表情僵住了。我担心孩子会因为爸爸的负面情绪反应而受到伤害，于是对丈夫说：“你忍着不就行了吗？”爸爸耸耸肩，也有点尴尬。其实孩子们也需要理解和适应，父母不可能永远和颜悦色，对什么都全盘接受。

在家庭中应该学习对他人的情绪做出反应，以及恰当的沟通方法。如果孩子们持续让你感到辛苦或折磨你，那你应该表达出不满，让他们知道。当别人做出阴沉的表情或冷淡的反应时，孩子们就应该想到自己“不能再这么做了”。朋友之间出现问题往往就是因为没能察觉对方的反应信号，因为在家里这样的行为都是被允许的，所以他们会继续对朋友这样。

既要懂得不做令朋友讨厌的举动，又要懂得在友谊中说“不”。这样的孩子反而能建立健康的关系。善良的孩子似乎应该有很多朋友，但事实并非如此。坚强的孩子身边有更多朋友，善良的孩子反而会因为没有朋友而苦恼。比起善良又不敢说“不”的孩子，懂得发表自己的意见并适当表达不喜欢的孩子更能维持健康的交友关系。只是一味讨好别人，或是冷漠，都很难交到朋友。

偶尔善意地表露出不愉快，就这样教孩子们保持有适当距离的美吧。如果你对孩子说话不带怒气，表情坚定，那么你的孩子在友谊中也会这样做。不要让愤怒冲昏你的头脑，要让大家知道，即使是简单的一句话也能传达负面情绪。你既要热情地拥抱他们，也要告诉他们在发生矛盾和受伤的情况下要发出自己的声音，以及反驳的方法。

因为有朋友才会和朋友吵架

孩子和朋友吵架回来很伤心。如果只是小打小闹，则从侧面反映了他们“在健康地成长”，说明“和朋友相处得很好”。因为合得来才一起玩，一起玩就会吵架，也会发生伤心的事情。如果没有朋友，就不会发生那样的事情。孩子们需要在家里和外面体验各种各样的情绪，遇到矛盾才能明智地解决。他们在外面和朋友玩的时候，即便有时会受伤，有时会哭泣，也要有足够的力量去克服困难。当孩子们和朋友相处不融洽，哭着回家的时候，虽然你会很心痛，但父母的作用就是帮助他们自己解决矛盾。

如果你在管教孩子时对孩子们发火了，请马上道歉。也就是说，一旦你意识到自己带着情绪批评孩子们，你就要告诉他们："妈妈不该那么说的，很抱歉带着情绪批评你了，以后我不会再生气了。"

"这件事妈妈已经说过很多次了，同样的事情却总是反复发生，所以我很生气。但我不是生你的气，而是妈妈觉得你应该知道。当我知道你还是做不到时，妈妈竟自己生气了，对不起。下次我会更加努力的。如果妈妈再生气，请你告诉妈妈不要生气。"

孩子为了在外面保护自己，应该适当地说拒绝的话，但如果你觉得这样太过分，就稍微降低父母对孩子的表达强度吧。为了维持健康的社会生活，孩子需要提高解读别人的表情、语气和情绪的敏感程度。父母应该和孩子一起感受喜怒哀乐，不能只分享正面的情绪。

10

只要这样做，你的唠叨就会减少一半

“这事我要想很长时间，请等等。”

学期初我让孩子们把想对老师说的话写下来，其中印象最深的就是这个孩子。他让我知道孩子们需要很长时间来思考，他们不能像大人一样快速回答问题，也不能像大人一样迅速行动。

我经常和孩子们一起上绘本课。其中，最受孩子们欢迎的课程素材是“妈妈的唠叨”。如果给孩子们读充满妈妈唠叨的绘本，他们会感到很开心，产生共鸣，发出笑声。如果让孩子们写下妈妈的唠叨，即便时常要思考很久的孩子也能在瞬间写很多。而孩子们写出的妈妈的唠叨也差不多。妈妈的唠叨不论在什么时代都是一样的。

孩子们最讨厌的话就是：“快点做。”

“我每天早上都要加快速度。我正在做，他们却一直叫我动作快点。”

大人们在自己还是孩子的时候应该也是不紧不慢的。我妈妈经常对我说：“动作快一点。”我小时候吃饭很慢，我妈妈经常只给我留下饭和几样小菜就开始着急洗碗了。因为吃得慢，别的孩子吃完了，我却总是吃不完。就是这样的我，现在也经常催孩子们快点吃饭。我养着养着孩子行动就开始变快了。因为不知道什么时候能睡，所以要尽早睡。因为不知道什么时候能吃上饭，所以我要在照顾孩子的间隙里快点吃。慢慢悠悠地吃，孩子等不了。我养成了给婴儿系上安全带，5 分钟就吃完饭的习惯。等孩子睡着我要把所有的事情都做完，清扫、洗衣服、整理，再休息。

我看着该上学的孩子早上磨磨蹭蹭就会生气。不管我怎么提醒那样会迟到，她们都无动于衷。其实希望孩子快点上学除了担心她们迟到，还有另一个原因，就是只有孩子出去了，我才能开始处理家务。我经常带着孩子旋风般冲到学校门口，孩子累坏了。看着她们进去的背影，我又会觉得内疚，于是突然尽全力亲切地喊了一声：“路上小心！我爱你！”

大人也有被催的时候。长途旅行时，只要超过 30 分钟，孩子就会一直问：“什么时候到？”每隔 5 分钟就会问一次，我们只能回答说“快到了”。在孩子更小的时候，爸爸说了不下 20 次只要过了这里就会到了。还没到目的地，我们就已经在与孩子的“战争”中筋疲力尽了。

感受时间的流逝才开始行动的孩子们

学习能认真一点就好了，孩子们能坐下来30分钟就好了。孩子们坐了10分钟后就会说：“作业都做完了。”20分钟之后又会说：“作业都做完了，要坐到什么时候？”这让父母感到很无奈。虽然其他的唠叨无法减少，但是计时器可以帮忙在“时间”上减少唠叨。这个计时器不是让孩子们精神紧张的滴答滴答的秒表，而是随着时间倒数，表盘上的红色面积会逐渐减少的可视化计时器。

在学校，这个计时器也能发挥出惊人的作用。孩子们很难在课堂上待超过40分钟，但只要我把计时器设定为40分钟，孩子们就会集中精力上课。我提议早上一起读书，当我问孩子们能轻松地读几分钟时，他们说10分钟太短，30分钟太长，20分钟比较合适。于是我把计时器定为20分钟后喊了一句：“开始！”孩子们就开始认真阅读。他们在20分钟里可以做到心无旁骛，真是神奇。

坐车赶路时我也会带一个计时器。如果孩子们问需要多长时间，我说需要50分钟，她们就会自己设定计时器。这是让她们目睹时间流逝的一种方式。这在准备外出时也很有用。

“20分钟后就要出门，刷牙、穿衣服、穿鞋只有20分钟的时间。”不管孩子们是否准备好，只要20分钟的闹钟响了就应该出发。不用妈妈催促抓紧时间。即使孩子们只穿着睡衣，也要拿着衣服出门。

“吃饭30分钟时间，过了30分钟，妈妈要收拾了。”我们定好计时器开始吃饭。过了30分钟，按照约定时间收拾就行了。孩子们做别的事，没吃完也照样收拾，这样只要一两次，孩子们就会知道该怎么办了，她们可以用眼睛看着计时器来把握自己的时间。

对孩子们来说，时间的概念是非常难理解和抽象的。玩的时候1小时像10分钟一样短暂，学习的时候10分钟像1小时一样漫长。如果你让他们用眼睛来认识时间，孩子们就会用身体熟悉时间概念，自行把握时间并付诸实践，他们的抱怨就会减少，自行调整时间的能力也会增强。

懒人育儿法

多买几个计时器放在家里的各个角落

买几个自己喜欢的计时器，放在餐桌、孩子的书桌、卫生间、汽车等各个地方，以减少父母的唠叨。安排好孩子要做的事情，并设定好计时器，父母转身离开就可以了，建议多留5分钟的空余时间。一旦计时器响了，就要坚决结束，这样才有效果。

11

有时候说谎也是必要的

“妈妈只疼姐姐！”

“你那么做，我怎么会喜欢你呢？看看姐姐，她自己会看着办。”

“妈妈只疼妹妹！”

“我能不疼妹妹吗？你都做成这个样子了！”

孩子们这么说的理由是什么呢？谈恋爱的时候我会问丈夫：“金泰熙漂亮还是我漂亮？”这就是明知故问，只是想听到“我漂亮”这样的答案。就像知道金泰熙比我漂亮多了一样，孩子们也知道姐姐做得更好、妹妹更可爱，她们只是想听到“更喜欢自己”这句话。不管是说谎还是演戏，我都要说给她们听。虽然我现在心里很不情愿，但还是强忍着想揍她一顿的冲动，说：

“怎么可能只疼姐姐，我更喜欢你！

“怎么可能只疼妹妹，我可是最喜欢你，最先生下你的。

“这可是秘密。我更喜欢你。”

偶尔孩子们一起来问我，我会说：“妈妈认为8岁的孩子中我们老大做得最好，5岁的孩子中我们老二做得最好。”孩子们明知是谎言也很开心。有时我太诚实，想告诉她们我真实的想法，这时候就会给亲子关系带来麻烦。

就当作买了一份保险吧，对孩子们说一句：“我养你们一点都不累，很幸福。”从短期看，兄弟姐妹的关系会变得深厚；从长期看，这是青春期的特效药。孩子如果心胸宽广，就能产生关爱之心，无论是对兄弟姐妹，还是对母亲。

有人说，孩子们在肚子里的时候最可爱。他们逐渐长大后，对他们说什么也听不进去，太难受了。为什么没有人告诉我养一个孩子是这么困难的事呢？从怀孕、分娩到育儿，所有的一切都很辛苦，但我们却要用谎言给孩子“买保险”。父母把对孩子们的爱整整齐齐地储存在他们心里，他们就会变得温暖而坚强。更有效的方法是故意和丈夫大声说话，让孩子听到。

“你不觉得我们的孩子很优秀吗？真是懂事的孩子啊。有孩子真的很好，不是吗？”

在孩子们能听到的情况下，大人们聚在一起谈论孩子们的事情时也要小心。若孩子不愿意被公开谈论，你就要注意自己的言语。虽然大人们觉得这样很可爱才笑，但孩子们可能会觉得不好意思或觉得你在谈论他们的缺点。我们换位思考一下，如果有人嘲笑你，你心情也会不好。不管是好事还是坏事，未经我同意就谈论我的事是失礼的，孩子们也会这样想。

如果老师说孩子的缺点

每当与学生家长沟通时，我都感到苦恼。我应不应该告诉他孩子的缺点呢？其实作为老师，我还是不说为好。父母比谁都了解自己孩子的缺点，这些从老师嘴里听到会让人感到很不快。但我常常会想，老师将孩子在学校的情况告知父母是任教的本分，因此很多时候即便觉得会让学生父母不快，我也认为应该坦率地说出来。

但从母亲的角度来看，情况却有所不同。如果老师不告诉我的孩子需要改正的缺点和遇到的困难，反而会让我错过帮助孩子的机会。如果家长知道孩子在学校的情况并在适当的时候给予帮助，对孩子不是更有利吗？因此，作为一名教师，我一直在思考如何与孩子的父母沟通那些让他们听了不高兴的事情。

如果你在家长会上听到自己孩子的缺点或需要改正的地方，实际上是遇到了好老师。老师们讲这样的事真的很不容易，所以很多老师都不会讲。重要的是，即使听到了那样的话，也要好好地对孩子说，不能因此骂孩子，也不能因为需要改正缺点而责怪孩子。你可能会感到不安，担心老师是不是讨厌你的孩子。但在孩子面前，你应该把老师不好的话藏在心里，哪怕要对孩子说谎话："老师说你很漂亮，很活泼。"家长这样处理可以加深孩子和老师的关系，孩子也会在妈妈和老师的信任中长大。如果让孩子喜欢上老师，他的学校生活就会变得很好，学习成绩也会自然而然跟着好起来。

使人情绪稳定的旁观式养育在于说温暖的话。妈妈什么都可以不做，不必出面解决，但要对孩子的感受产生共情，同时掺杂一些甜蜜的谎言，给孩子情绪上的安定。不是所有学习好的孩子情绪都稳定，但我遇到的情绪稳定而温暖的孩子学习都很好。我所见到和从老师前辈那里所听到的都证明了这一点。让孩子优秀的方法并不是妈妈勤奋地去补习班接送孩子，而是从一句温暖的话开始。

称赞别人很难吗？

婆婆说："儿媳呀，你今天炖的排骨很嫩，吃着很香。血水去得很干净，调味也恰到好处，颜色看起来也很诱人啊，做这个一定很辛苦吧，谢谢你。我相信你下次会做得更好！"

听到这些话，你会心情好吗？我感觉不怎么样，还有这样的称赞？

“你今天画的画颜色真漂亮。居然能用这么多种蓝色，太让人惊喜了！今天居然一直坚持做了不想做的事，真是个了不起的孩子！我相信你下次会做得更好！”我们日常生活中不会这样说话。在阅读育儿书或在网上搜索育儿技巧时，与“夸奖”相关的例子完全不符合我的想象，因为这些夸奖都是从外语翻译过来的。用我们自己的语言来赞美，才更符合我们的情感模式。

像“夸奖过程”“不要给予过多夸奖”这样的“赞美指南”让妈妈们疲惫不堪。翻译过来的生硬句子在实际生活中很难讲出口，尤其是不是太亲切的妈妈们更不容易做到。要做到亲切已经很难了，还要用一堆华而不实的辞藻来鼓励孩子，那还不如不做。

我宁愿婆婆一边大口吃饭一边说：“天哪！炖排骨真好吃！”她同样对孩子说：“哇！你画得真好！”一边说着，她一边竖起大拇指，然后把画贴在冰箱上看很久。像这样简单地称赞就可以。比起用过多的辞藻修饰，这样的称赞更加直截了当、干净利落。

懒人育儿法

让孩子成长的话

一年级的孩子们选出的最想从父母那里听到的 3 句话：

“错了也没关系。”

“做得好。”

“我爱你。”

这三句话是孩子们最想听到的。从今天起，请把孩子抱在怀里说：“错了也没关系，做得好，我爱你。”

12

无聊的孩子陪着他就好了

“我买到那个全国爆火的玩具啦！我买到啦！”

这到底是什么，虽然新版本上市，但旧版的也还很好呀，我在“妈妈论坛”里翻了好几天，最终找到了。在找到它之前，我一眼都没看孩子也没陪她玩，我不知道自己当时为什么那么拼命去找。

孩子小的时候，我会搜索各年龄儿童玩具推荐清单，孩子到了相应的年龄我就购买一个玩具。我找遍玩具店、二手店，想让家里堆满玩具，但孩子总是感到无聊。因为玩具的功能过于简单，孩子玩几次就腻了，只能堆在房间的角落被冷落。我意识到是时候给孩子买个新玩具了，于是又网购了新的玩具。孩子稍微长大一点后，各种 IP、品牌的联名款层出不穷。

世界上有无数可以学习和玩的东西。为了寻找有趣的事，大人们甚至不眠不休，孩子们也是一样。玩具、视频、电视上的动画片，有了这些，孩子们就不会感到无聊。在没有玩具和电视的餐厅和公园里，大人们手机里的视频在不停播放。在孩子们完成各种体验项目、体验课、补习班之后，父母还要看社交媒体上教育的相关内容，觉得不这样做就不能安心。

在你想休息的日子里，无聊的孩子总是在身边缠着你，让你感到很吃力。你又要做饭，又要洗碗，孩子们却不停地抱怨无聊。你花大钱买的玩具，他们玩一两次就不玩了，真让人生气。我觉得与其对孩子们发火，还不如打开个视频给孩子们看，所以总是开电视。而孩子们从没有玩够的时候。

让孩子们玩得慢一点怎么样？学校里其实有很多无趣的事情。如果每小时都能以趣味为主上课当然很好，但事实并非如此。如果你想和近 30 个孩子玩一次游戏，首先要对规则进行说明，因为如果没有明确的规则和指南，就不是游戏，而是“战争”。但问题是，这些简单的说明都会让孩子们不耐烦。

孩子们要学会忍受枯燥的时光。安静无聊的日常生活是孩子们一定要度过的，在这个时候，孩子们的心智和耐性都会成长。

给我一点时间发呆吧

孩子们应该忍受父母的批评和无聊的时间，自己思考应该做什么和玩什么，这样才能发现自己喜欢什么。父母总是给孩子提供一些有趣的东西，孩子就不能自己玩。如果父母走开不陪孩子玩，孩子就会想着要自己“试试找点有趣的东西”。以前过节的时候，堂兄弟们聚在一起只要从奶奶的衣柜里拿出一床被子就玩得很开心了。现在不也一样吗？

孩子们在玩耍中成长，也在休息中成长。他们一边在妈妈身边哼哼唧唧地挨训，一边长大。很多孩子只要听到说明冗长一些，马上会把注意力转移到其他地方。他们把注意力集中在视频上，跟他们解释什么都听不进去。这样的孩子忍受不了无聊，渐渐沉迷于刺激性和有趣的东西。但上课和学习不能一直保持刺激性和有趣。

无聊的话就无聊好了，哭的话就当作他们该哭了，发脾气的话就认为他们在正常抒发情绪就行了。你们可以一起想些事情做，随遇而安地过日子吧。如果孩子在车上抱怨无聊而哭闹，就让他哭。没有一开始就能忍受无聊的孩子。因为妈妈无法忍受孩子的哭声，所以打开视频给孩子看，这真是得不偿失。虽然这么做能暂时止住哭闹声，但有可能会和孩子因为手机引发新的“战争”。

发呆是孩子们所必需的时间。大人们会做瑜伽、练习冥想，孩子们也需要。不要以游戏的名义让孩子们做这做那。玩的时候就玩，学习的时候就学习，让我们一起享受随心所欲吧，然后这样说就行了：“哎呀，妈妈也很无聊呢，做点什么呢？”

13

孩子的天赋不是在补习班找到的

“哆在哪？”

“哆？”

“是的。哆在哪里都不知道？”

“哦？我学过，但是……”

“学过了还这样？你上了 8 个月的钢琴班，你说‘学了哆’？”

“是这个吗？”

“那是‘嗦’啊！”

真是气死人。每周上 3 次钢琴课，每月 15 万韩元（2025 年，15 万韩元约等于 744 元人民币），上了 8 个月，还不如用那笔钱买打糕吃。我钢琴弹得很好，想当然觉得我女儿钢琴也应该弹得好。如果那天没有和幼儿园的妈妈们聊天，要多交几次 15 万韩元我才能真正了解我的女儿呢？“别提了，我儿子在钢琴班上了一年多，还不知道哆、来、咪、发、嗦。

我真是花了冤枉钱才知道孩子在钢琴方面没有天赋。”

我心里想，上了一年课还不知道最基本的音符是不是有点过分了。问题是，我们家孩子也是这样。我发现我的孩子会弹的几首钢琴曲只是背下来弹的。那个月，我就以孩子的状态不好为由，不再让她去钢琴班了。虽然别的孩子都在上钢琴班，但我觉得把钱花在孩子毫无天赋的地方是一种浪费，还不如用这些钱给孩子多买几本喜欢的书。

送孩子上培训班真难。即使想送孩子去，我也不知道该什么时候送，去学什么。我有两个孩子，老大上过的培训班，也想让老二一起去上。我会先考虑课时费，没有团购折扣的话，我就会犹豫。如果培训老师说老二年纪还太小，太吃力没法学，我就会暂时松口气。

事实上，培训班及补习班不仅能让孩子学东西，同时还具备照顾孩子的功能。周围上班的朋友，他们当中很多为孩子上小学怎么办而苦恼。双职工家庭的孩子，如果放学后去培训班或补习班，可以减轻父母接孩子的压力。

培训机构还有其他功能，帮助父母了解孩子的天赋和兴趣。我就为此给孩子花了不少钱，让孩子尝试学这学那就能准确知道孩子到底喜欢什么，从美术、钢琴、舞蹈，到书法、围棋、游泳都试过。不论是职场妈妈还是全职妈妈，只要一提到培训班，她们都会感到苦恼。

每个孩子都有自己的天赋

如果你不知道该送孩子去学什么，而且因花钱多少而犹豫不决，就先让孩子看看这个世界吧。孩子的天赋不是在培训班就能找到的。为了让孩子们找到令他们兴奋的事情，最好是带他们到现场亲身体验。如果去看钢琴演奏会时，孩子内心的某个角落产生了小小的触动，那么即使妈妈不让孩子去，他也可能对钢琴班念念不忘。

通过旅行认识各种各样的人，让孩子们从中体验多种“职业”吧。这并不是说一定要在旅行中学到什么或上一堂实践课。音乐会、话剧、音乐剧、博物馆、美术馆、作家见面会、艺术节、讲座等，都可以让孩子们去发现，在其中找出什么能让孩子们兴奋，他们想做什么，找到之后再去进一步学习。在学校里，我遇到过很多有天赋的孩子。有个孩子在课堂上经常画画，我看了他的画，发现他有很高的天赋，每一幅细致的涂鸦背后都融入一个故事。孩子有绘画天赋，但他的妈妈却没有注意到。在教科书上涂鸦的孩子看到各种美术作品时目不转睛的样子让人惊讶。这样的孩子被妈妈说是学习不好的孩子，我感到非常可惜。如果带孩子去美术馆，他的母亲也许会在孩子闪亮的眼神中早早发现孩子的天赋。

到培训班学习寻找天赋也是一种方法，但不可能上遍所有培训班来找孩子的才能。我们能送孩子去的培训班是有限的。只要孩子的意愿明确，相信无论在哪个培训班遇到什么样的老师，都能发挥自己的才能。暂时放下智能手机，暂时放下补习班，不管是通过书本里的间接体验还是外面世界里的直接体验，让孩子们多了解一下世界吧。有些天赋在孩子们年龄小的时候就能发现，比如艺术天赋，而有些天赋则是在他们长大成人后才能发现。我听前辈老师说："让我们一直等到孩子们长大成人，再看我们的孩子什么做得好，让我们帮助他们去做更多的尝试。"听到前辈这句话，我觉得孩子上小学的时候，家长期待孩子在各个方面都做得好是一种不切实际的欲望。培养孩子这件事并不会在小学就结束。

14

不要过多借助智能设备

孩子们在学校听讲缺乏耐心的情况比 10 年前严重了很多。上课时，如果我讲解的时间稍长，孩子们就会不耐烦，但只要我播放有关的视频，孩子们就会神奇地安静坐着，目不转睛地盯着屏幕。这听起来很难解释。当然，也有些孩子无法集中精力看视频，却能认真听我的讲解。

虽然说在数字时代智能教学很重要，但我仍然采用情境教学法。只有在讲课的内容真正需要的时候，我才使用智能设备，或者将其作为资料调查、答问的工具。学期初孩子们还不能集中精力上模拟课程，但一个月后就能很好地适应了。比起智能手机，孩子们还是更喜欢现实生活。

无论内容多丰富，智能设备授课都存在单方面输出的问题。我们与人交往的一切都应该从共情和沟通开始。我们需要思考的是，我们是否给了孩子们太多单方面的交流。孩子们用智能设备听的东西很多，这意味着和我们沟通的机会就会减少。

当孩子听不到别人的呼唤

要学会区分声音和噪声，以及“听到的”和“看到的”。长时间播放的音频或视频，会逐渐听起来像噪声，让孩子们很难集中精力听老师讲课。

集中注意力是学习中非常重要的能力，我们要帮助孩子们一次只专注于一件事。比如学英语的时候，一种常见做法是将英语音视频作为背景声播放，让孩子们熟悉英语。这样做在某种程度上确实可以帮助他们提升英语听力。但问题是，这种“耳边风”如果持续几个小时，孩子们可能就无法集中精力做其他事情，也听不到他们真正该听的东西。如果想让他们做一些听力练习，那不如让他们一边看视频，一边将听到的英语内容画出来，这样会对学习英语有更大帮助。实际上，即使在外国生活的孩子们也不会整天都听英语，只听而不交流弊大于利。

有时，大人叫孩子的名字，孩子很久不回应。这种情况一般有两个原因。一种是回应会换来大人的唠叨，所以不回应。另一种是他们真的没听到，爸妈的叫声就像耳边风。要想让孩子听你说话，就不要在孩子专注做事情的时候去打扰他，也不要在他旁边做什么，不要插话，也不要拍照，什么都不要做，这样有助于孩子集中注意力。

孩子们玩的时候就让他们专心玩，不要同时播放音视频内容，他们应该在安静的环境中玩耍，在自己的想象中创造一个有趣的世界。吃饭的时候，就让他们专心地吃饭吧。吃饭时和父母聊天比听英语灌耳音对孩子们更有益。

15

在家里，父母不用给孩子读很多书

我在学校上了一整天的课，回到家里再让我给孩子们读很多书，说实话，很可怕。其实我给她们读的书不算多。

俗话说，最好听的 3 种声音是水田里的水声、孩子吃饭的声音和孩子读书的声音。其中最动听的是读书的声音，没有比孩子的读书声更美妙的了。老大很喜欢一个人看书，孩子好好坐着的样子就很美好，更好的是我不需要陪她，不管她看什么我都觉得对学习有帮助。老二那时还不识字，所以我必须读给她听，这并不容易！

孩子们喜欢书，多读书很重要，但更重要的是要把握好“多”的标准。孩子们每天读两三本画册就足够了。高年级的孩子们每天阅读 30 分钟也足够了。他们在学校也整天读教科书。老师们深知读书的重要性，因此会在早上安排 20 分钟的读书活动，在“创意体验活动”时间安排整本书阅读（我们一起读一本书，然后做相关的活动来加深阅读）。很多老师还会开设绘本延伸课程。即使没有这些特别课程，孩子们从第一节课到第六节课也一直在与教科书打交道。

虽然并不指望孩子读很多书，但比起看手机，父母还是更希望看到孩子自己拿出书来读。首先我们要承认，喜欢读书的孩子有很多。

从早晨到闭馆时间，学校图书馆总是挤满孩子。漫画书最受欢迎，以至于图书管理员说："我好像成了漫画店的老板。"漫画书最受欢迎的原因是它更有趣，孩子们觉得有趣才愿意读。有些书看似是因为装订问题而不受孩子们欢迎，其实是因为书的内容没意思。因为不知道哪些书有趣，所以孩子们首先会涌向他们感兴趣的漫画书区。

让孩子喜欢读书的秘诀

要想培养一个喜欢读书的孩子，首先要了解孩子的兴趣所在。如果知道孩子喜欢什么样的事情，对什么感兴趣，就能帮助他们读好书。

父母应该如何帮助孩子找到自己的兴趣呢？要多和孩子沟通交流，不断了解孩子经常谈论的话题，以及他们喜欢与你分享什么，才能了解孩子的兴趣所在。

如果你的孩子经常编造世界上不可能有的故事，不妨读一读奇幻小说；如果你的孩子喜欢玩战争、刀战和枪战游戏，不妨读一读历史书；如果你的孩子对科学感兴趣，不妨读一读科普书；如果你的孩子有完美主义倾向或不喜欢漫画书，建议看一看摄影图集或以照片为素材的图文书。

读书也是有技巧的

读书不要止步于图文书，看漫画书主要是为了培养孩子们读书的兴趣，最终还是要延续到读纯文字书。但不要在孩子们小时候给他们读太多书，而是等他们长大后再多读。老大2岁时对书很感兴趣，我就带她去参加“幼儿教育展示博览会”。推荐《自然观察全集》的人递给我一本样书，那本书中有经过特殊处理的苹果模型，能够散发出苹果的味道，并写着“苹果吃起来又脆又甜”。我拿着这本书犹豫了半天，苦恼买还是不买。最后，我干脆在回家的路上买了一袋苹果，让她闻一闻，也尝一尝，还一起辨别颜色。超市里有比高价书更好的教材。

看书使我们获得间接经验。在幼儿期和小学低年级，我们需要更多的直接经验，然后才是间接经验。直接经验越丰富，越能更好地理解书。在孩子们小时候，父母要多带他们出去感受更多的直接经验。比起通宵阅读，一次直接经验对孩子们更有帮助。对一个没有吃过榴梿的人，再怎么准确地跟他描述榴梿的味道，也不如让他亲口尝一次。对于孩子们来说，世界就是这样。孩子们该有的样子并不是足不出户整天看书，而应该看一看、摸一摸、闻一闻、尝一尝这个世界。你可以让孩子们在小时候到图书馆借书读，并把省下来的钱用来体验世界。

在小学阶段多给孩子读书是件好事，如今以书育儿也很流行，但同样过犹不及。无论是通宵达旦还是一个月读 100 本书，都会让孩子们的大脑疲惫不堪。与任何事情一样，均衡是关键。你需要在出去玩和读书之间保持平衡，在小学低年级之前，出去玩对孩子们的学习更有帮助。

你可能会想，怎么把一本有大量文字的书读给孩子们听呢？当然，给他们读书是有技巧的。想想一部好的电视剧，一到高潮的关键时刻它就会停下来，让人对下一集的剧情充满期待。综艺节目也是这样，在最有趣的时刻宣布“60 秒后继续！”就像让人等待着看广告一样，教孩子们读书也可以这样做。不要只是递给他们一本书，然后说：“我觉得你会感兴趣，所以才买了这本书回来。”积极自觉读书的孩子是别人家的孩子，这样的孩子并不多。

让我们把书读成“艺术品”吧。在给孩子读书的过程中，读到关键或有趣的时候就试着停下来。即使朗读的时间很短，也要读得很有趣和热情，声音有停顿、高低起伏，让孩子像在听电影预告片一样。但你可以在关键时刻说："啊，我的嗓子疼得读不下去了，剩下的明天再念给你听。"不用熬夜给他们读书，如果书非常有意思，孩子们就会自己读。如果孩子们要求反复读同一本书，就继续一直读同一本书，甚至可以读一百遍。

实际上，中学阶段更需要阅读。即使孩子们长大了，也不要停止给他们读书，你可以继续在睡前为孩子们读书，以增进和孩子们的感情。

要亲自挑选才会真心喜欢

书店是让孩子们和书亲近的好地方。如果你带孩子去图书馆，孩子看到太多书，可能会觉得有负担，不知道该读什么。不如去书店买一本孩子喜欢的书，比如玩具书、猜谜书，这样孩子就会开始喜欢去书店。你可以尝试让孩子们亲自挑选他们更感兴趣的书，长此以往他们读书就会感到愉悦。

听说可以选一个玩具，这多令人高兴啊！买来的书不一定都要看，比如，因为迷上封面而买的书，读起来可能会觉得没意思。下次你要帮助孩子们更加慎重地选择，不要让他们觉得一定要读完那本书，才能买新书。就像你开始看一部电视剧是因为预告片看起来很有趣，但是看到中间你觉得它不像预告的那样有意思，于是开始试着寻找另一部剧。对孩子来说，读书也是如此。如果觉得没意思，不读完也可以。

书店会把受孩子们欢迎的书单独收集起来，有些书放在书架上，有些则摆在陈列架上。这样让他们更容易看清楚书的封面和内容。只要选择这些，你就成功了大半。不要买全集，省下买全集的钱去书店吧。如果孩子们参加过书店举办的作家见面会等活动，他们就会对见过面的作家的书感到更亲切，对作者本人也会更熟悉。亲自到书店和孩子一起挑选吧，这样就能了解孩子的喜好。

重要的是，不能带孩子出去看了两三次书就确定你的孩子不喜欢看书。周末的早上坚持带孩子去书店看看，回来后给孩子读一读书里的有趣内容。妈妈可以一边喝着咖啡，一边饶有兴致地翻阅从书店给孩子买回来的书，这样一定会吸引孩子过来。当然，只做一两次是不行的。在孩子身边读什么不重要，食谱也好杂志也好，孩子们更喜欢大人读书的样子。

你也可以根据“孩子们喜欢的书目”推荐，去图书馆借阅，但要借 10 本，哪怕孩子只喜欢其中一本，也要这样做。孩子不可能对 10 本书都感兴趣。如果有 1 本让孩子们觉得有趣，他们就会继续读下去。

不要为了培养一个爱看书的孩子而整套整套地买书，也不要为了找到适合孩子年龄的书而费尽心思去看评论。如果体会到读书的乐趣，孩子自己就会从学校图书馆借来很多书，而不是只读漫画书。

16

做个自私的妈妈吧

“你绝对不要像妈妈这样生活。如果不想活得像妈妈这样，就要好好学习！”

妈妈们的话题总是千篇一律。她们先是担心孩子，然后担心丈夫，最后还要对孩子说：“你不一定要结婚，一个人住更好啊！”听到这些话，孩子们会想什么？“妈妈结婚后生下我，妈妈的人生不幸福吗？她看起来的确不幸福。我不会活得像她一样！”但最后，我们的生活还是像父母的生活一样。

如何教导孩子幸福生活呢？你不能只是口头上说说。如果父母不展示幸福生活的方法，那孩子在任何地方都学不到。如何养育孩子、如何与孩子交流，以及如何与配偶和睦相处，原生家庭是学习家庭生活方法的地方。如果我的家不快乐，我的父母不幸福，每天都为我付出很多，那么我又能从哪里学会如何生活才能幸福呢？

父母希望孩子长大后能成为一个优秀的人，有好的工作，尽可能过上最好的生活。虽然孩子们可以通过观看优秀人物的纪录片和伟人传记，从中学到怎样成长为优秀的人，但学不到幸福的生活方法。

孩子爸爸开玩笑说："通过读谈恋爱的书，学会了谈恋爱。"实际上，幸福和爱情都无法从书本中学到。孩子们幸福的榜样并不是优秀者的纪录片和精彩的伟人传记，而是父母。俗话说，孩子是父母的镜子，每天一睁眼、一回家就能见到父母，父母才是让他们学会幸福生活的榜样。

每当有家长来咨询的时候，从他们开门进来的步伐、语气和眼神，甚至坐姿就能知道是谁的家长。"哦，您是某某的妈妈吧？"大家都吓了一跳。"我们长得不像，你是怎么知道的？"他们散发出的气质、眼神、坐姿和听故事的样子都很相似，孩子们就是这样向自己的父母学习的。虽然没有刻意教他们，但就像听父母唠叨一样，孩子们会通过观察父母的生活方式来学习。

我们比我们的父母学得更多，也下定决心不再像他们那样生活，但我们最终却像父母一样说话、一样生活。我们也会为了孩子牺牲，把自己的幸福向后推迟，舍不得在自己身上花钱，为了孩子什么都可以做。在训斥孩子的时候，我们说话的方式与父母如出一辙。

一代一代孩子被骂着长大，于是一代一代父母用同样的方式养育孩子，依旧不知如何沟通、如何表达爱。不过，很多父母已经开始意识到这个问题，开始有意识地学习和改变。

很多东西是从生活中学到的。不论读了多少书、学了多少知识，孩子们无意中说出的话都是从父母那里听来的。潜移默化的经验比精细的阅读更有力量。因此，教育孩子不应该只用文字，还应该用实实在在的生活。

为了幸福生活而学习

做个自私的妈妈吧。把自己放在第一位，成为这个世界上最幸福的人。如果希望孩子过上幸福的生活，你就应该首先过上幸福的生活。父母应该成为孩子生活的内在动机，让孩子有“长大要像妈妈一样生活，像爸爸一样做一个帅气的大人”的想法。

如果你是职场妈妈，那在孩子面前就不要抱怨工作，而是向孩子介绍今天做了什么事，取得什么成果，工作上有什么困难，是如何解决的。让孩子与我们一起共享工作的意义和成就，并感受到人生的快乐、意义和幸福。

老大还不到两岁，我的母亲就去世了。我伤心欲绝，世界上再没有如此令人悲伤的事情了，但是有一句话让我振作起来：“妈妈把该做的事都做完了，应该会放心地走的。她让孩子们好好学习，顺利长大，拥有安定的生活，她做了该做的一切。我相信她是幸福的。”

我希望我的孩子想起妈妈的时候，会想到妈妈是一个很幸福的人，她们也想像妈妈一样生活。我不想让孩子们看到妈妈是一个牺牲者。让我们做个自私的妈妈，成为孩子们幸福生活的榜样吧。我知道，无论我们多么努力地活得自私，我们的首要任务永远是我们的孩子。我们要让孩子们知道，养育孩子的生活是多么幸福。

孩子和父母应该在生活中保持平衡。孩子不要无视妈妈的生活，觉得自己的幸福最重要。妈妈也要想想自己喜欢什么，想做什么，能够展现给孩子们的生活面貌是什么。为了孩子们的幸福，我们要更明智。这样孩子们才会像妈妈一样为了能幸福地生活而学习。

17

学习好好说话

“洗好碗了吗？这叫洗好了？”

丈夫知道我说的“洗碗”是什么意思吗？我所说的“洗碗”是指洗碗、刷盘、清理水池、整理餐桌、打扫孩子们洒在餐桌下面的东西，以及洗抹布等，而丈夫却认为只是“洗碗”，真是让人无语。

有一天丈夫和邻居大叔坐在院子里聊天，抱怨说：“做了也挨骂，不做也挨骂，还是不做好了！”邻居大叔搭了一句：“是啊，确实不应该对你发那么大脾气。”

经过几次争吵，我改变了策略。哪怕丈夫只是洗碗，我也会对他说“谢谢你”“碗洗得真干净”，然后说：“我只要把台子上的水擦一擦就好了。”结果，丈夫即使再听到大叔的荒唐话，也毫不理会。我们都是成年人，一起吃饭洗碗，我认为他理应做到位。但频繁的唠叨和争吵只会让我自己受累，也会让他不愉快，所以还是要以温柔的方式沟通这件事。这样能让自己舒服点，丈夫也会尽力帮我洗碗。

不要经常唠叨孩子“去学习吧”

如果我们总是被唠叨“快去做这个”“快去做那个”，或者在做某事时被指指点点“要这样做”“要那样做”，我们心里会想：“好烦啊，要不你来做吧！”

学习也唠叨，不学习也唠叨，这样孩子可能就会放弃学习。父母不能代替孩子操心学习的事情。就算短期可以，也不可能十几年帮孩子、替孩子想着学习的事。父母应该尽早学会与孩子良好且有效地沟通。我们每个人都是在父母膝下被疼爱长大的，最后都成长为能为自己负责的大人。孩子的学习也是这个道理。

我们应该放弃孩子从小就要学习好的想法。学校的老师们每天都和孩子们见面，他们很清楚不同年龄段的孩子的表现应该是什么样的。妈妈们在社交媒体上看到的优秀孩子在学校里屈指可数。到学校一看，她们就会知道孩子们的平均水平。“如果我的孩子是这个水平，那么其他孩子可能也是这个水平。”这样想就对了。

孩子不可能一开始就学习好。父母一边给予适当的奖励，一边鼓励：“已经很好了，明天你会做得更好的。”这样孩子才不会放弃。要表扬孩子的努力和行动，而不是表扬成绩。“哇，你太棒了。”

“在9岁的孩子中，你好像做得最好。”

“我觉得你真的很厉害。”

“你都学了30分钟了。停一停吧，该休息了。”

恰当的表达方式能让孩子们更积极努力地学习，归根结底就是所有人都想被称赞。父母不要说“这是什么字？重写一遍”，而是说“这字写得真好！你竟然可以写得这么好！”赞美才是鼓励孩子写好字的更好方法。孩子们都想做好，你只需要读懂他们的那种心情，给一点小小的称赞，引导他们继续行动就可以了。这是我多年来一直在用的方法，非常有效。

孩子们小的时候不会为自己学习，是因为他们还不到懂事的年龄。因为是妈妈让学的，这样做会让妈妈开心，也会让自己开心，他们就会产生持续学习的想法。对孩子来说，认真学习了，不仅得不到肯定还要被骂，哪里还会有学习的动力？即使孩子们做得还不够，但当他们在学习上有了一些进步时妈妈也会给予鼓励，就会成为孩子们继续前进的力量。一句话就可以制造内在动机，让孩子们做得更好，给他们再次挑战的勇气。

如果付出了努力，得到的却是批评的话，孩子就没有动力继续学习。

孩子要参加钢琴比赛，却不想练习。在这种情况下你可以说：“练习很累吧？”然后，你把糖放到孩子的嘴里，说：“你练习到糖全部溶化就行了”

为孩子们设定能达到的标准，给他们自己去做的力量，剩下就靠孩子们自己了。妈妈对孩子说：“很累吧？没错，学习是很累。妈妈小时候坐 20 分钟就累。你做得已经很好了！”那么孩子就会想：“学习确实很累。别人看起来很容易做到，但我不是，可是我也能做得很好啊！”学会沟通的方法，你就能看到孩子自己坐下来学习。内在动力由此而来。

18

想培养计划性就去买东西吧

“做完了吗？”

“还没，我还没有做完。”

“你打算什么时候做完，制订好计划表了吗？”

“那是妈妈做的。”

很多父母会帮孩子制订学习计划表和检查表。但这些计划和清单是孩子自己的想法，还是父母的？为什么要制订学习计划表和检查表？我们希望孩子能够系统地学习，养成自主学习习惯，不用父母唠叨就能主动完成计划。然而，由父母驱动制订的计划表却填满了父母想让孩子学的东西、各种练习和课程。

即使父母唠叨，孩子们也不一定会做；但自己制订的学习计划表，哪怕只有3天，他们也要尝试全部执行。上德育课的时候我发现，父母让孩子打扫一下房间，孩子就会以“别人让我打扫”为由不愿行动。我们班的一名最诚实、自理能力最强、学习好的模范生发表的意见给我留下了深刻的印象，他说：“如果我想打扫卫生，我就很认真地去做。但如果妈妈让我打扫，我就会因为不想打扫而草草了事。”

孩子想做才去做。如果想让孩子们自己制订计划表，应该让他们自己认识到计划表的便利和有用性。为此，父母可以制订和实行学习以外的计划表，并和孩子亲自体验其效果。

如果孩子们的学习与有意义的经历相联系，就会产生叠加效果。例如，孩子们学习语文时，如果从“茄子”“大象”等与孩子们生活脱离的词语开始，孩子就感觉不到学习的必要性。他们在平时生活中使用“大象”这个词的概率有多少呢？但如果让孩子们在物品上写上自己的名字，他们就会感受到识字的重要性。他们会意识到自己可以用写上名字来表示对物品的所有权，所以还想学习不同的字。

同样，当你列出与学习相关的检查表时，孩子们会感觉没必要。因为孩子们虽然想好好学习，却不喜欢学习。因为不愿意学习，所以没有必要一定要做计划。大人很清楚在生活中制订计划和做笔记有多大意义，这些对实践计划有很大帮助，但孩子们却不太清楚。为了让他们体验这一点，我们一起去买菜吧。

“如果想让孩子多读书，就应该让孩子看到父母读书的样子。”我们都听过这句话。作为教师，我自己也很想这么说，但根本说不通。这好像是真的不了解父母的辛苦才说的话。

照顾孩子起床、洗澡、吃饭，以及哄孩子睡觉的时候，我也不会拿着手机瞎玩，我要为全家人的生活所需采买，了解产品、比价下单等都是要花时间的。当然我也需要休息。孩子睡觉的时候，我会跟朋友发信息，或者查询一些养育问题。妈妈无论是在现实空间，还是在网络空间，都在不断地育儿。

当我想让孩子们看到我在读书时，我就会看烹饪书。有时我也会和孩子们一起去书店挑选烹饪书，让她们知道看书可以获取有用的信息。可以和孩子一起挑选一本烹饪书，让孩子们选出想吃的东西，记下食材和配料，然后一同去市场采购。这是一个双赢的好办法，一方面省去了每天想吃什么的苦恼；另一方面，孩子在选择、记录，一样一样对照着采购，买到后再逐个划去的过程中学会了列计划表和使用清单。如果懒得出门，可以让她们在网上直接搜索后加入购物车。留出一小部分购物额度，让孩子们挑选自己想吃的东西。这样的话，孩子们在超市冲动购物的情况就会减少，也可以附带培养孩子们的经济观念。这样在生活中体验过记笔记和核对清单之后，她们就能再将此应用到学习上。在火车站等车去奶奶家时，我看了看孩子在做什么，她正在写去奶奶家要做的事，连要看的电视节目的目录也仔细记了下来。

在冰箱或门厅里把一周内要做的事情写下来吧，写在月历上也不错。如果孩子看到父母这样做觉得有必要，就会效仿。让我们一起制订并实践孩子有条理的生活所必需的计划表，而不是为了学习的计划。和孩子们讨论并写下他们要做的事情，让他们自己填写从周一到周日要做的事情清单，其中一定要包括看电视、看电影、出去玩、去文具店、想吃什么等与孩子们日常生活相关的项目。玩耍、休息、吃饭和学习都是孩子该做的事。

“为什么只有我一个人？为什么妈妈不做，只要求我做？”

如果孩子问，为什么只有自己要制订计划表来遵守呢？所以，父母也应该在家庭生活中制订好计划表并坚持完成。下面推荐父母和孩子一起制订“三日家庭计划表”。通过自己决定学习量、该做的事情，并一一完成，帮助孩子度过有计划性的人生。

超级简单的行动计划

法国家庭的三日计划表

我们一般认为只要开始做什么，就应该坚持不懈。虽然说得没错，但有时这很难。“三天打鱼，两天晒网”这句俗语就证明了很多人做事无论下什么决心都很难坚持三天。因此，你的孩子开始做一些事情，但三天都没有坚持下来，或者你发誓不要再骂孩子，但第二天一睁开眼睛就对他们大喊大叫是常有的事。孩子们刚被妈妈训得涕泗横流，转身就忘记了一切。他们记性不好，所以很难坚持自己的决心。

那就实践“三日计划表”吧。每3天制订一次计划，只计划3天该做的事情。一下制订一个月的学习计划表，让孩子每天遵守，这谁能做到？父母也一样。我们读育儿书，想要长期跟着实践并不容易。这时要记得提醒自己，比如决定每天最多批评孩子两次，如果只批评了一次，就是比昨天更好的妈妈。让我们坚持3天，并帮助孩子也做到。在孩子的事情上，父母可以稍微懒惰一点，但要聪明一些，这样孩子会成长得很好。

法国的学校会要求学生准备“日程表”。类似于大人使用的日程本，上边印着一年的日期，并在相应的日期标注考试日期或科目，这使我感到很新奇。当我去买日程表时，有一样东西吸引了我，那就是家庭日程表。与妈妈、爸爸、孩子在各自的手册上制订各自的计划不同，家庭成员可以在同一个日程表上共享彼此的计划，这给我留下了深刻的印象，因此我也买了一个，并且用得很好。我要介绍的三日家庭计划表就参考了法国的家庭日程。

除了孩子们的家庭作业计划、学校的日程安排和朋友的游乐场约会，妈妈和爸爸还会分享他们的账单支付、个人约会和工作日程等安排。特别是“一天说三次我爱你”“上班前要吻别”这样的计划，都会被写下来并受到监督，以确保做到。

起初，你可以和孩子一起决定每天要做的事。父母定好父母该做的事，孩子定好孩子该做的事，然后晚上回来和孩子讨论。“今天妈妈做了 5 件计划中的 3 件，但没能做到的有 2 件。那 2 件我打算吃完晚饭再做。你的计划都做完了吗？”当晚你们一起解决没能完成的事情，并想好明天要做什么。父母和孩子各自定好自己的任务就行了。

如果孩子的学习任务很重，请给予支持和鼓励。如果没有完成，你可以说：“计划量好像太多了。减少一点怎么样？”然后帮助孩子调整。随着孩子年龄的增长，你可以把每天一做的计划变为两天、三天的计划，以此类推。你要做的就是观察孩子。你可以在计划表上写很多不同的内容。

妈妈：一天说 3 次“我爱你”并拥抱孩子；

爸爸：下班后陪孩子们玩 20 分钟；

大女儿：如果妈妈叫我，不要生气并好好回答；

小女儿：看视频 20 分钟后马上关掉。

不要和孩子们一起制订中长期计划，只要让孩子们体会到制订计划并坚持执行的满足感就可以了。要注意的是，一定不要说“如果你遵守承诺，我就给你买玩具！”这样的话。大家一起完成计划，在共进晚餐的时候跟孩子们说：“哇，我们一家人真了不起！让我们想想明天要完成的事情吧。”或者说，“天哪，你真厉害，今天的事情都完成了吧！”只要分享这些温暖的话就可以了。

如果你想让孩子们自主学习，就需要让他们做好准备工作，也就是制订好计划。如果孩子还小，就每天晚上把第二天要遵守的约定写在家庭计划表上。如果孩子是学龄前，可以计划 1 天；如果孩子是小学生，可以计划 3 天。如果 3 天后都成功，就在☆上涂上颜色，示例如下：

年　月　日～　　年　月　日				全部完成 ★☆☆			
爸爸	**D1**	**D2**	**D3**	**妈妈**	**D1**	**D2**	**D3**
陪玩20分钟	✓	✓		走路30分钟	✓	✓	✓
睡前读两本书		✓	✓	不说“快一点”		✓	
上班前拥抱		✓		拥抱每个家人3次	✓	✓	✓
老大				**老二**			
做两章阅读题	✓	✓		用姐姐的东西前先询问	✓	✓	
做两章数学练习题		✓		看20分钟视频就关掉		✓	
对弟弟妹妹说“我爱你”		✓	✓	看20分钟书	✓	✓	✓
老小				**全家**			
自己在房间睡觉		✓	✓	出门前关灯		✓	
吃饭不用勺子用筷子	✓	✓	✓	吃完饭将餐具放水池		✓	✓
数数1~5	✓	✓	✓	一起吃早饭	✓	✓	

特殊日	孩子想听的话	妈妈想听的话	爸爸想听的话
· 22日 发薪日 · 24日 第一次去补习班报到，爸爸公司的聚餐	· 做得好 · 没考好也没关系	· 你还好吗? · 妈妈，我爱你	· 爸爸，我爱你 · 想你了

意识到计划表的好处，孩子就会尝试自己制订计划。这将为他提供一个强大的自主学习指南针，帮他有效管理学习目标、时间和进度。试着复印或绘制如下表格。

日期：

爸爸	D1	D2	D3
	□	□	□
	□	□	□
	□	□	□
老大			
	□	□	□
	□	□	□
	□	□	□
老小			
	□	□	□
	□	□	□
	□	□	□

特殊日	孩子想听的话

全部完成！☆☆☆

妈妈	D1	D2	D3
	□	□	□
	□	□	□
	□	□	□
老二			
	□	□	□
	□	□	□
	□	□	□
全家			
	□	□	□
	□	□	□
	□	□	□

妈妈想听到的话	爸爸想听到的话

第 三 章

8~10岁帮助孩子从小学向中学过渡的旁观式育儿秘诀

小学低年级的孩子们的特点就是单纯，眨眼工夫他们就会忘掉不愉快的事。再长大一点，他们就开始在课间休息时背诵歌词，或者抄录偶像组合的歌词跟唱。只要是他们想做、想知道、想学的事情，即使父母不让做，他们也会用心去做。所谓自主性就像爬、坐、站、走的过程一样，会随着时间的推移自然产生。如果尽早培养这种能力，孩子到初高中就能自主学习。

即使在 4 ~ 7 岁时没能很好地培养出孩子们的自主性，如果你能很好地利用低年级时期，孩子们也能很快获得。一年级的孩子第一学期和第二学期不同，到二三年级更会发生翻天覆地的变化。第一学期躺在地上打滚或在教室爬来爬去的孩子，每天和朋友打架，每到休息时间朋友就来找他玩的孩子，到第二学期就像变成了另一个人似的。一直说学习没意思的孩子会突然说："我好像学习好一些了。"

孩子们懂得了自主学习的乐趣就会更加努力学习。如果你是即将入学的孩子或低年级孩子的家长，从现在开始就应该改变策略。在家里给孩子足够的时间，让他充分思考、学习、活动身体，而不应该把孩子的时间过多消耗在习题集或补习班上。低年级不是检查孩子成绩的时候，应该把小学看作孩子进入中学学习的准备时期。

孩子们小学时的成绩并没有那么重要。如果说初高中是奥运会，那么小学就是选手村。小学是孩子们为了在中学努力学习而练习和打基础的时期。孩子们在经历了小学6年的学习进入中学后，才能摸索出自己的学习方法。老师们知道这一点，所以他们宁愿看到听写得0分但能坚持长久学习的孩子，也不愿意看到听写得100分但不能长久学习的孩子。

小学一年级很重要，孩子们在这个时候养成好习惯，就能顺利完成之后11年的学习。孩子们在幼儿园被称为“幼儿园小朋友”，一年级才开始被称为“学生”，意思是学习的人。之所以这时送孩子们去学校学习，是因为他们做好了学习和启蒙的准备。

学校教育课程被称为螺旋形教育课程，因为课程设计是像螺丝钉一样一圈一圈地旋转着来扩大学习范围的。如果一开始螺丝不拧正，后面就会歪掉。开始就要拧正螺丝，这就是低年级的学习方法。如果你认为自己的孩子还没有准备好，不论年龄，可以再回到第二章，一步一步去实践即可。只要打下坚实的学习基础，你的孩子在未来跑得会比现在看起来快得多。

19

请不要面面俱到地帮孩子做安排

8 岁的老大告诉我她在学校流鼻血了。虽然作为妈妈很担心，但我还是很冷静地问她是怎么处理的。孩子说：“我去洗手间擦了一下，用一只手撕开卫生纸堵住鼻子，另一只手把卫生纸卷起来塞进鼻孔里。但是我卷得太粗，鼻孔都变大了。”听了孩子的话，我虽然很想反问她，你是不是应该去保健室或者告诉老师，但是听到她鼻孔变大了的话，我拍手笑着说：“做得好，用一只手卷纸塞住鼻孔真了不起啊！”

培养孩子的自主性难道不是妈妈练习离孩子远一步，对孩子放心的过程吗？我为什么站在孩子身边帮她把一切做好呢？在学校，孩子们需要的是“现在我应该做什么”和“自己行动的态度”。自主性不是在学校就能培养出来的，而是在去学校之前在家庭中形成的。有了自主性，孩子们在学校才能知道“我现在该做的事”。

现在应该坐着，还是应该站着？可以动，还是应该一动不动？作业是什么，我应该回家复习什么？老师不是家长，即使一一教导和照顾，也不能一次照顾近 30 个孩子。老师需要同时照顾 30 个人，所以孩子要听好老师给大家讲的内容，自己判断和行动。

“我都没有教孩子写名字，就把他送到了学校。我很担心我是不是太不关心孩子了，但他似乎表现得很好。”学习好的孩子的妈妈们只说自己没有教孩子。她们是不想透露秘诀吗？还是在炫耀？

的确有入学还不会写名字的孩子。其中一个孩子整整一学年内都不会写自己的名字，另一个孩子却想：“啊，我应该学会写自己的名字。我要回家问问。”前者是一切都由妈妈代劳的孩子，即没有自主性的孩子。如果妈妈不教他写名字，他就感觉不到学习的必要性。后者则是有自主性的孩子。他知道自己在学校需要什么，从写名字开始，他会努力学习自己需要的东西。这样的孩子即使刚来学校时什么都不会，之后学习也会慢慢变好。

“如果我不帮他，他什么都做不了。一定要我来照顾。”

让我们思考一下，这是不是妈妈为了在孩子身边照顾而编造的借口。因为妈妈帮忙做了，所以孩子就觉得没有做的必要性，缺了才想补。是到高三为止一直让孩子上补习班，还是自发旁观，培养孩子的自主性，从而让孩子自己寻找学习的内容，父母们应该好好判断。

如果是因为在意别人的看法，或者是为了面子，那么最好减少和其他父母闲聊的次数。给自己的孩子充分的时间，让他和朋友们在学校互动就足够了。

我为两个孩子准备了很多学习资料，家里的餐桌上、书桌上到处都是习题集。但在孩子们自己打开之前，我不会要求她们去做。老大经常坐在桌子前，要制订计划。无论是以1周为单位，还是以3天为单位，她自己想做就做。她打开我买来的书或习题集，按照能完成的分量进行整理。我帮她批改习题集，问她："你今天又做完了？"之后你只要表现出来大吃一惊就可以了。

学校的各项通知会首先通过应用程序发送给家长。孩子放学后见到我，就会告诉我明天要带的作业和要准备的东西。即使在应用程序上确认有作业，直到深夜我也绝对不会过问。如果她们在睡前不做作业，我会说："没有作业吗？"如果她们说没有，不管第二天去挨骂还是怎样，我都让她们自己看着办，但大多数时候她们想起来之后，都会揉着惺忪的睡眼去做作业。如果她们不收拾自己的东西，我也不会帮她们收拾，除了一两次外，她们自己都收拾得很好。

"学校是你们上学的地方，妈妈不是你班里的学生。"

过了托儿所和幼儿园时期，当你在孩子们的笔记中提醒他们的准备事项时，他们应该就适应学校生活了。孩子要做好准备，但父母也要先有准备。从孩子上一年级的那一刻起，你就需要放手。为了安全起见，除了接送孩子上下学，一切都要让孩子自己做主。父母越是放手，孩子就越能带着责任感在学校生活。

20

多玩的孩子才能在学校坐得住

“我的孩子是不是太散漫了？一回到家就玩两三个小时。真不知道不送他去补习班行不行。”这是我在与学生家长的交谈中经常听到的话。实际情况是，在学校外面坐着的孩子来到学校就会站着。相反，在校外玩得多的孩子一到学校就会坐着。如果与学生家长交谈，就会发现这种奇怪的现象。“孩子妈妈，你有没有发现孩子在学校坐得住，上课态度也非常好？”很多孩子在家里的表现和在外面的表现恰好相反。

父母时常忧心忡忡，不知道是否应该让孩子继续这样玩下去。就连一直坚持“孩子是在玩耍中长大的”的父母也开始感到不安。要么把孩子送去美术班，要么让孩子去学弹钢琴，或者学跆拳道，总之要让孩子学点什么，父母的心里才会舒服。

我会让孩子做作业的时候想象自己正坐在教室里，要安静且耐心。但有时，我也会因为孩子注意力不集中或者在座位上扭来扭去而大声呵斥："如果坐不住，就别做作业了。"为什么别人家的孩子能安静坐着，我家的就不行呢？我很担心她在学校也是如此。

"我的孩子不会那样做。"

有一个孩子虽然成绩很好，但一到学校就怪叫着跑来跑去。在与学生家长沟通时，他们说不可能，孩子很内向。"我的孩子在家里一动不动地坐着读书、练习乐器，他不可能会那样。"在与学生家长沟通时，我经常听见这样的话。"我回家不能玩。"

学校这个空间就像是用来确认孩子在哪里、在做什么的地方。学校是学习的地方，那么家就应该是休息的地方。大人们下班后也想在家里放松一下，舒展一下筋骨，每天穿戴整齐去上班，从公司回来后，总想在家里换上舒适的衣服，躺下看会儿电视。

孩子们呢？怕打扰到楼下，很多妈妈要求孩子在家里走路要踮着脚走。孩子们在学校、补习班不能尽情玩耍，回到家也不能放松走路。孩子们休息并不是要躺着休息。坐着不动对孩子来说是一件苦差事。对他们来说，休息就是要尽情地玩耍。

据说学习好的孩子只带着课本来学习，这句话并没有错。要想把孩子培养成在学校读书的孩子，就多让他玩吧！我想再谈谈之前提到的身体调节能力的问题，这与上课时能否安稳坐着有关。父母们可能会认为孩子到了学校就应该乖乖坐着学习，但这只有在具备身体调节能力的情况下才能做到。应该让孩子多做有规则的身体游戏，这是培养自我调节能力最简单的方法。父母可以坐在一边休息，或者到游乐场旁边的运动器械上边运动边观察，孩子们会为制定游戏规则进行讨论甚至争吵，并按照他们的规则游戏。这并不是根据大人的规则制定的游戏，不是单纯为了好玩而玩，也不是在学校环境下有控制的活动。谁都可以参与这个游戏，玩的时候要尽兴。如果孩子们想制定规则，并在规则范围内活动自己的身体，那就带他们去室外，让他们自己玩。你只需要在他们玩危险游戏的时候进行监督。

为了做培养调节能力的游戏，我建议孩子们多去户外玩。老师主导的活动是上课，而不是游戏。孩子们聚在一起玩，有时要遵守规则，同时新的规则不断出现。有时他们还会用稀奇古怪的方法使用游乐设施。他们会两三个人一起荡秋千，还会集体跳绳，设计各种玩法。

不要去室内儿童乐园培养身体调节能力

培养身体调节能力的最好方法是多活动身体。但父母们错误地认为，送孩子到室内儿童乐园或体育培训班即可。虽然这样比完全不动要好，但是单纯为了娱乐的游戏或取悦孩子的游乐场并不能培养身体调节能力，反而会培养散漫感。

上课时间散漫的孩子多是因为身体调节能力不足。特别是随着拥有手机的孩子数量增多，孩子们甚至失去了培养身体调节能力的机会。到游乐场一看，高年级学生三三两两聚在一起玩手机游戏的情景令人惋惜。

如果孩子还小，就让他的视线远离手机，带他出去遛遛弯。捉迷藏也是培养孩子们身体调节能力的好游戏。随着孩子们长大，躲藏的时间也越来越长。孩子们小的时候躲起来，还没被找到就会自己先出来。如果在玩抓人游戏的时候被抓住，他们还会哭着说："为什么要抓我？"因为他们还不理解规则，所以上述这些都是正常行为。随着孩子们长大，他们可以逐渐适应规则，掌握移动、控制身体的方法，培养身体调节能力。

孩子们越大，游戏的规则越复杂。在抓人游戏中有像"一二三木头人"这样略复杂的游戏，到了高年级他们还会创造出更复杂的游戏。孩子们应该继续玩下去，从学会翻身，再逐渐发展到会坐下、走路、一只脚站立等，这是因为肌肉和身体的运动已经发展到了这种程度。就像不能一次就学会走一样，孩子们也需要在和朋友、哥哥姐姐们一起玩耍的过程中不断学习。

我们就负责旁观吧。在文具店买一根跳绳，和孩子一起到游乐场散步，就会成功让孩子在学校好好坐着。

21

如果孩子说“不知道”，请回答“原来你不知道呀”

“你不知道？妈妈刚才不是解释过了吗？刚刚说过的你都不知道怎么办，我解释的时候你要好好听清楚啊。你在胡思乱想什么？”

明明我亲切地给孩子说了两次，但孩子还是听不懂。我不知道孩子这样到底是像谁，心里很郁闷。我算是明白了人们都说的“再好的老师也教不了自己的孩子”这句话。孩子们普遍认为，如果回答“不知道”就会挨骂。所以，在学校孩子们绝对不会说不知道，就像怕挨爸妈骂一样，他们也怕挨老师骂。其实，孩子们说不知道时，老师并不生气。老师觉得孩子们上课时认真听讲很可爱，提出问题也很可爱。

有朋友问：“上小学前，我需要提前教孩子一些小学课程的内容吗？”我会回答：“如果孩子能对老师说‘不知道’，就可以不教；如果孩子不会说‘不知道’，那就带他认点字。”如果父母想自己教孩子学习，那可能就意味着要一直教下去，要经常陪在孩子身边，支持他的学习。

要允许孩子们承认他们不知道的事情。孩子可以在学校大方承认：“我不知道。”我们要把孩子培养成这样。老师不会对说不知道的孩子置之不理，会一直解释到孩子理解为止。在和我共事的老师中，很多老师主动给孩子补课。只要孩子愿意，老师就会知无不言，言无不尽。如果孩子在学校自己学习，父母就能不那么辛苦，只在孩子真正需要的时候帮他就行了。

学习中最关键的是知道自己不知道什么，这就是元认知。学习的过程不是积累新知识，而是减少不知道的东西，要想做到这一点，你就要弄清楚自己不知道什么。如果孩子说不知道，就表明孩子的元认知正在不断提高，他很聪明。不知道就想知道，努力想知道就会知道，所以即使有些苦恼也不要批评孩子。父母可能给孩子们讲二三十遍他们也不知道，所以要讲解、举例子、反复说明，直到他们领悟这个概念为止。如果没有自信，可以到学校向老师学习和询问。

在我的课堂上，当孩子们说不知道的时候，我会对他们说：“真聪明！不知道的时候就说不知道叫元认知，聪明的人才能分清楚。”于是，原本担心说不知道会挨骂的孩子们开始不断地提问他们不知道的事情。在课堂上，孩子们说："我不太明白，这个怎么做？"敢于提问与内向或外向无关，内向的孩子会到前面小声问，外向的孩子会当场大声问。家庭教育也应该努力让孩子敢于在学校提问。

科学成绩差的孩子来到了科学英才班

"银雅老师，你今天有英才课吗？很辛苦吧。"

"是的，虽然辛苦，但很治愈！"

负责英才班的教师在放学后要留下来单独指导孩子们。常规课程全部结束后，还要给孩子们上 2 ~ 3 个小时的课，虽然体力上很累，但精神上可以获得治愈。

孩子们喜欢挑战高难度的课题，即使我不教他们，他们也会自己发现、学习、互相提问，完成课题。没有一个孩子会马马虎虎，也没有一个孩子会因为困难而放弃。我要做的只是准备一些适当的问题和必要的工具来帮助他们完成任务。完成课题后，听孩子的发言会让人耳目一新。孩子们可以用他们的头脑解决很多成年人解答不了的问题。

在英才班选拔考试中，我们可以看到很多好学多于天资聪颖的孩子。没有几个孩子能正确理解题目，也没有几个孩子能得到很高的分数，但没有空白卷。即使错了，他们也会试着写出答案。虽然他们的分数很低，但是来英才班考试的勇气就足以让我称赞。

这些孩子往往是各班学习最好的，把他们聚集在一起教课对于教师来说是一件幸运的事情。看到他们为学习做好了准备，老师也会感到兴奋。这些孩子喜欢学习、挑战高难度课题，眼中闪烁着光芒，他们的学习态度与众不同。

10多年前我担任英才班讲师时，一位学生对授课内容感到很吃力。我以为他会中途放弃，但他坚持了下来。他每节课都说自己没听明白，但并没有感到尴尬。因为是英才班，所以成绩优异的孩子都聚在了一起，听到他说不明白并寻求帮助，我感到非常高兴。无论如何我都要帮助这个孩子听明白，他最终顺利结业。这就是学习态度。他的元认知得到了发展，学习积极性得到了激发，因此尽其所能地学习、成长。

一旦孩子上了中学，父母能帮助的部分会明显减少，因为所有科目都会变得更难。从能帮上忙的时候起，父母就应该慢慢地交给孩子自己做。小学时的成绩不会自动关联到中学时的成绩。在学习成绩并不那么要紧的小学时期，最好先培养孩子自己独立学习。告诉孩子有不知道的内容就承认不知道，把孩子培养成想了解未知的孩子。

22

别去管掰着手指算数的孩子

小学三年级还有用手指算加法的孩子。上课时，他怕被发现，把手藏在桌子下面，如果老师在巡回指导，孩子就会因害怕老师来到旁边而紧张。

“你可以用手指做加法运算。请不要害羞，大大方方把手放在桌子上，以后数学成绩会变好。”

孩子们吓了一跳。在家里，父母会责备说：“怎么还在用手指做加法呢？”他们说用手做速度很快，但因为需要看爸妈的眼色，所以不好意思那么做。其实，还不会背九九乘法表的孩子可以把乘法表写在草稿纸背面，想不起来的时候再去查看。这样一来，孩子自己就会知道哪里记住了哪里没记住，没记住的部分要继续努力。

不要让孩子死记乘除法。我们要明白让孩子学数学的目的是成为计算器，还是理解并掌握数学逻辑，要明确重点是什么。如果单纯想让孩子做算术题，可以通过习题集来练习。如果想让孩子理解数学逻辑，那就别管他们。用手指做加法意味着孩子已经读懂了问题，并很好理解了加法的含义。孩子要做的是意识到自己在做两个数的加法，而不是正确计算。

不应该先教孩子数学符号，因为数学符号只是一个记号。比如，“车上有 2 人，随后又上来 3 人”就可以用“2+3”来表示。孩子们只需要知道已经有 2 个人，又增加了 3 个人，所以用手指把 2 和 3 加起来。“+” 这个符号就代表了加法表达式。

在充分了解加法的意思后，先用手指认真计算，之后用加法表达式来加快运算。但这个过程不能反过来。孩子们如果已经将其符号化了，即使你想告诉他们“2 × 3”的含义，他们也已经在脑子里通过背诵九九乘法表计算出 6 了。

不会背九九乘法表才称得上会数学

长方形的面积计算公式为“长 × 宽”。其含义是，把长方形平分成边长为 1 的正方形，把正方形的面积全部加起来就是长方形的面积。例如，计算长是 3、宽是 2 的长方形的面积，将长 3 等分，宽 2 等分，求共有几个边长为 1 的正方形就可以算出其面积。如果图形较大，加法过程就会变得很复杂，所以我们可以使用乘法。

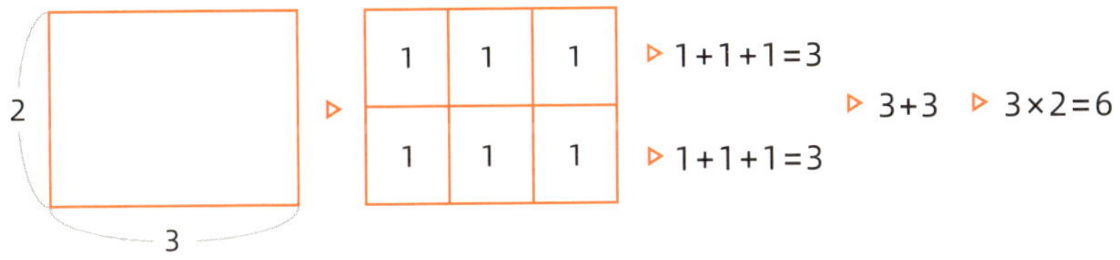

如果给孩子一幅图，问他面积是多少，用手指做加法的孩子就能算出来，相反，只会背乘法口诀的孩子不知该如何处理。有一个令人哭笑不得的故事，小学生解出了问题，但同样的问题首尔大学学生却没能解答，因为他始终想套用既定公式。

一年级上学期的数学主要学习“分”与“合”（凑整法）。分得好，合得好，就是加法和减法。这可以应用于图形，求出图形的宽度，还可以通过分开再合起来计算时间和求出长度。这个过程只是数字变大了，但本质上最终都归于分与合。这就是一年级时不能训练孩子演算，不能靠背诵学习的原因。

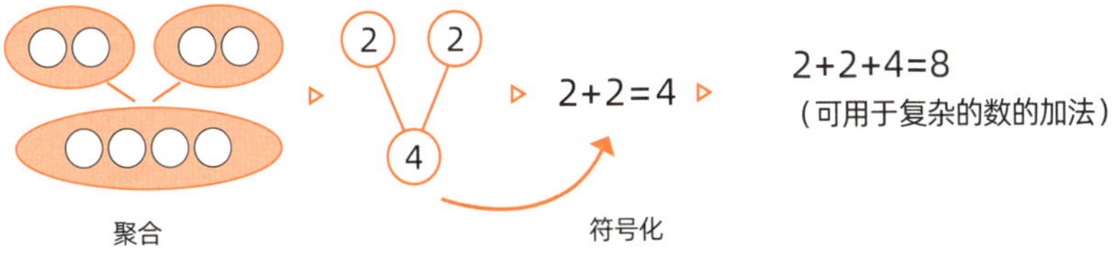

（一年级）

领悟到“2+2=4”的孩子，还能轻松解出“2+2+4”等复杂数的加法。如果要求解“3+9+7”，孩子就可以自己决定如何合。可以先把3和7合成10，再把剩下的9凑到一起。或者从3中先分出1与9合在一起，剩下的2与7合在一起也可以。只凭数字机械解题的孩子与脑中画图加和的孩子是不一样的。通过图像掌握加法交换法则的孩子可以用多种方法求和，可以把相同的数多次相加来做乘法，把相同的数多次相减来做除法。这样，他们将能轻松解决二年级的数学问题。

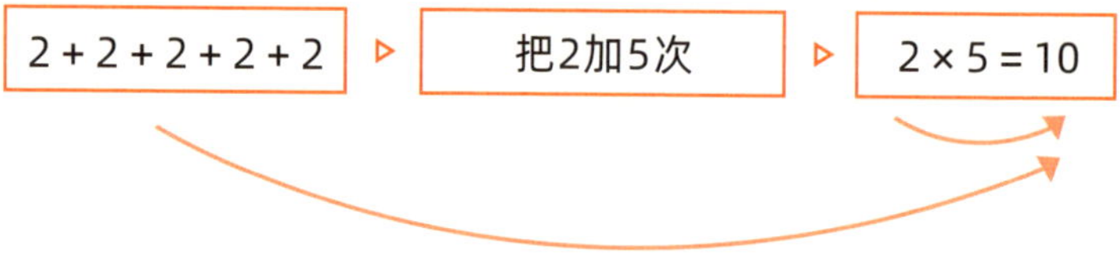

知道了原理，就算不会背九九乘法表也能算乘法

（二年级）

如果从一年级上学期开始学习加法和减法运算，并以符号化的形态学习的话，就必须把所有数学公式都背下来。到九九乘法表为止都是靠心算完成，但隐患就留在了未来。

背诵能加快运算。孩子们头脑聪明，记忆力尤其好。当你说“2+3”时，脑海中本应浮现出2个和3个东西合并的过程，但却先直接背出来答案数字 5。心算是背诵，但背诵不是数学。数学不是靠背诵就能学会的。越是小学低年级，越不能把重点放在死记硬背上。

如果在小学一年级打好数学基础，就可以用凑整法继续教三位数、四位数甚至更多位数的加减法。如果将“812−574”用画图法来求解，只会 10 以内减法的一年级学生也能算出来。父母往往希望孩子不用画图，直接靠心算解题，这会让孩子更快放弃数学。在画图或利用数学教具进行分与合的过程中，孩子们自然而然地在头脑中计算，最后就可以直接用数字来计算。在家复习不应该用过多的时间重做习题集，而应给孩子充分的时间动手解题。

教科书是在彻底分析概念原理的基础上，以让孩子掌握原理为目标编写的，所以一定要让孩子仔细阅读教材，在充分理解教材的基础上，进行拓展练习。在能够自己理解数字之前，可以让孩子重复下列步骤①至③。

$$812-574=?$$

如果用图像表示812

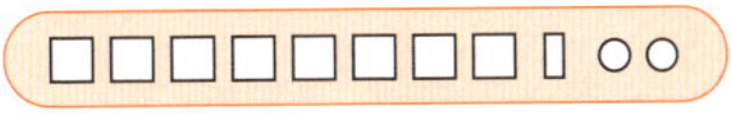

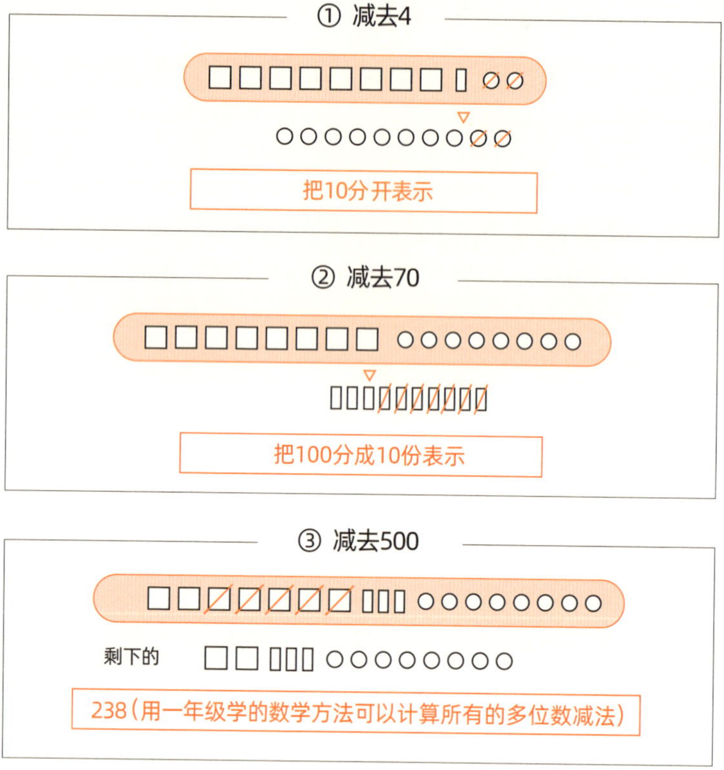

（三年级）

在用手指和脚趾相加、思考、创造的过程中，产生了数学元认知。元认知是一个自己领悟的过程。如果给孩子足够的时间，他们总有一天会“领悟”，那时就会用头脑而不是手指进行运算。我们总是迫不及待地催促孩子们，那是在让他们做算术，而不是学数学。

在孩子苦苦思考"6×7"等于多少的时候，家长们不要说："不是背过了吗，不是42吗！"要这样给孩子解释："每行画6个圆圈，共画7行。然后像下图这样，每10个为一组，再用手指做加法就可以了。"

①

4组，每组10个，再加上2个，是42！

②

$$6 + 6 + 6 + 6 + 6 + 6 + 6 = 42$$

12　　12　　12

24

36

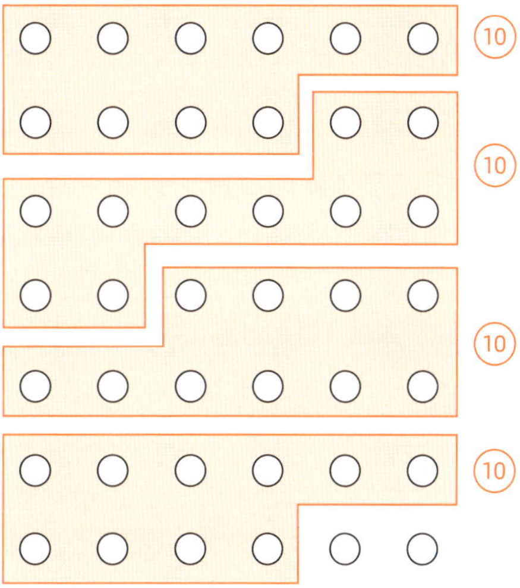

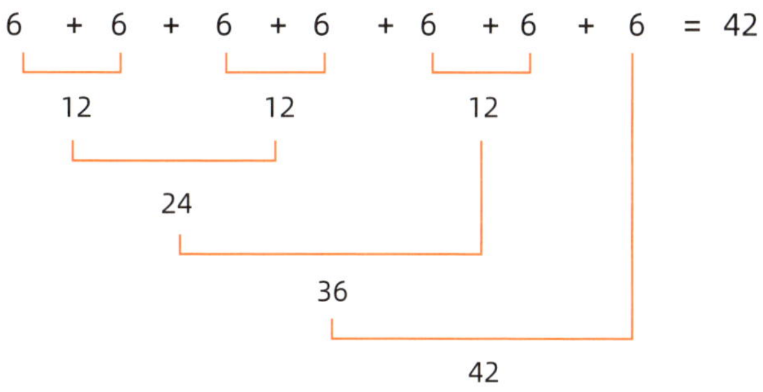

③

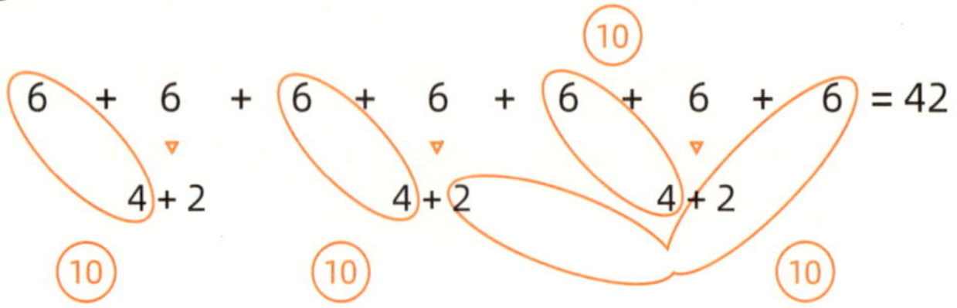

加法的方法不仅是①还有②③等数十种。如果孩子充分学习了凑整法，即使不背九九乘法表也可以做加法。孩子在一段时间内都依赖掰手指计算，妈妈心里会很沮丧，但其实这比不知道原理就背诵要好得多。上课时，不管孩子们知不知道，我都要求大家画图解题。总有一天，孩子会说："现在不画图我也能解了，不画不行吗？"这就说明孩子学会了、领悟了数学。

即使是更难的问题也可以通过画图轻松解决。这样到了高年级，他们就可以求出图形的面积并绘制图形。培养元认知并不难，给孩子充分的时间思考，让孩子自己领悟就可以了。因此，比起预习，更应该好好复习。

现在是解决拓展问题的最佳时机

提前学习、拔苗助长是不行的。深入学习更重要。让孩子提前学习和死记公式存在一定的局限性。这就像让刚出生的孩子走路、给还不能正常吸奶嘴的孩子喂饭一样，会出大事。这是因为他们的大脑和身体还没有充分发育，学习也是如此。

在编写教科书的时候，很多学者都会对儿童大脑发育和心理发育阶段的研究结果进行分析和调查。以数十年、上百年的数据为基础，众多编写组推理、研究、编写出适合各年龄段孩子学习的教材和内容。一年级数学是适合一年级孩子学的。如果一年级的孩子能解三年级的数学题，这个孩子要么是天才，要么是靠死记硬背。如果孩子是天才，即使父母不教也会解题；如果父母教过或在补习班学过，就是死记硬背的。

孩子们小的时候经常使用教具来学习数学，进入小学老师就会让孩子拿着习题集和铅笔开始心算。用教具学习数学直到小学六年级为止都是必要的。教科书附录中也有很多让孩子们动手剪、制作、画的活动。在做了很多具体的操作之后，将其用符号表现出来，这和单纯地背诵符号有很大差异，因此多做用画图方法计算的数学题，基础就会变牢固。

如果需要深入学习，我推荐竞赛习题集，而不是分题型的数学习题集。用教具帮助孩子解决竞赛问题吧。老大在一年级上学期第一次做拓展习题集时用教具解答了全部问题，第二次是一边画图一边解题，但现在比起教具，她更喜欢用脑计算。和第一次做习题集时完全相反，孩子正在用自己的计算方法解题。当然她也会不耐烦地问我，抱怨到底为什么要绞尽脑汁这样解。

我回应说："不要生气地问我，去生那个出题人的气吧。"总之，经历了这样的过程，最后孩子自己学会了，她兴高采烈地跑过来说："我会做了！"

下图是孩子小学一年级时解决的数学拓展题，第一题和第二题都是以教科书内容为基础的问题，而第三题是一道将一年级数学教科书中出现的 3 个基本概念综合在一起的题。

1. 求满足条件的两位数●◆

· ●与◆之和是9
· ●比◆大1

2. 满足条件的两位数 ★♣ 有多少个?

· ★和♣相差 5
· 偶数

3. 找出所有满足条件的两位数

· 十位数的数字与个位数的数字之和为10
· 十位数的数字比个位数的数字大
· 奇数

为了解决这些问题，她花了近一个小时。从第一题和第二题的解题过程来看，就会发现它们都是用手一一画出来的，解出来必然需要很长时间。

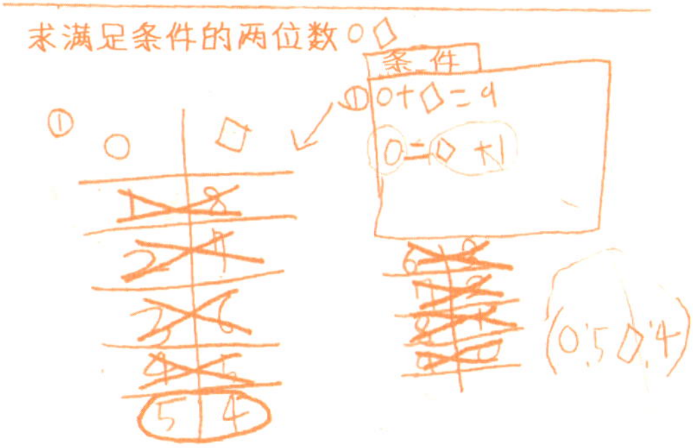

第一题解题过程

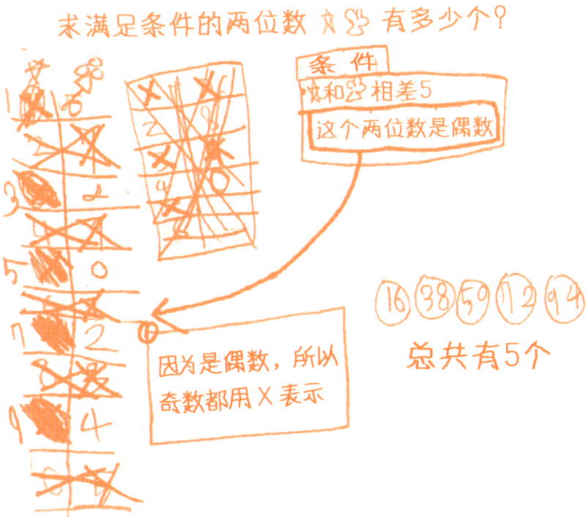

第二题解题过程

首先观察两位数，了解十位数和个位数的意义。同时比较前一个条件的含义和数的大小。最后，要知道偶数和奇数的概念。如果这三个概念中有一个无法被理解，问题就无法解决，相反，如果每个概念都被充分理解，那么给定的问题就很容易解决。如果不理解条件，可以在教科书中翻开相关部分重新复习，然后再尝试解决问题。

在翻看教科书的基本内容时，孩子们会说："哇！在这里。看来就是这个意思。"以教科书为基本概念，每天只让他们做1 ~ 2个竞赛题或拓展题。

可以使用棋子、瓶盖、乐高积木、吸管、筷子等作为教具，还可以画图或用彩纸简单制作教具。例如"5捆每捆6个数的数加上2个单个的数是多少？"这样的问题就不要用乘法公式做，先用画图来表示吧（这是小学一年级竞赛中经常出现的问题）。如果家里有数学教具，可以直接利用教具制作每6个一捆共5捆的教具。如果没有教具，就像下图一样画吧，然后数"一、二、三、四……"，提示以10个为一组一起数。

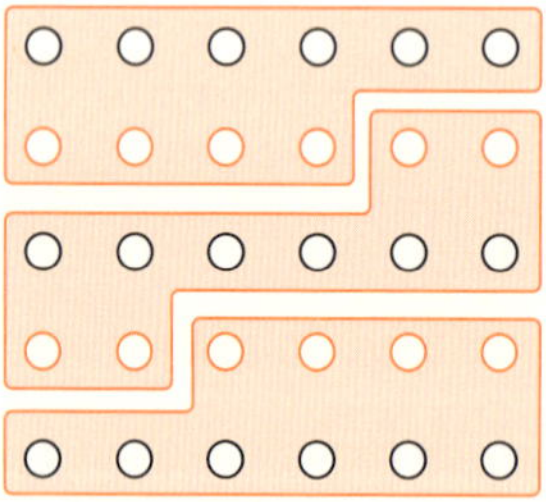

图①

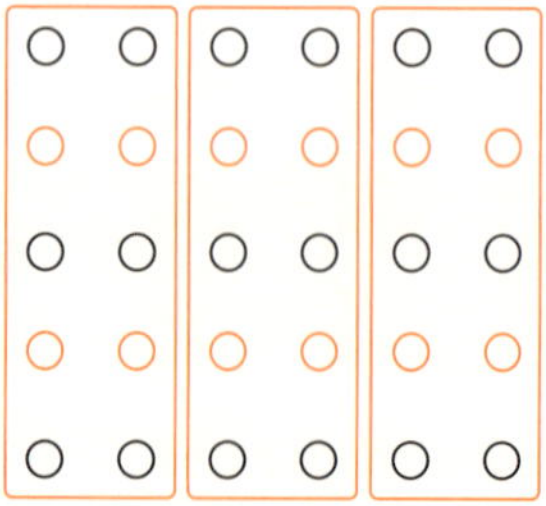

图②

可以按图①的方法分组，也可以像图②那样10个一组，让孩子尝试不同的分组方法。每10个一组共3组，30加2个，算出32就可以了。父母希望孩子心算，但数学题不能那样做。小学三年级也有画图解题的孩子，这没关系，用画图的方法解题，说明你理解了题的意义。

竞赛题是根据教科书单元顺序编写的拓展问题，因此可以根据孩子们的课程发展阶段深化学习。如果掌握了各单元的基本概念，就最好用教具解决竞赛问题。这并不是一个为了参加竞赛获奖而进行训练的过程，把它看作通过教科书级别的竞赛问题进行深入学习的过程吧。无关对错，只要和爸妈一起画画、制作教具，在解决问题的过程中有意义就行。即使一天只做一道题，也要好好思考一下如何使用教具和如何用画图解决这道题。

让我们帮助孩子透彻理解教科书的内容。如果用充分的时间完成那个学年的任务，下一个学年的学习就能顺利进行。从小学一年级到高中三年级，所有的课程都是螺旋式上升的。在已经充分理解上一学年所学内容的前提下，下一学年将开展有深度的授课内容，因此要充分完成深化过程。要想做到这一点，就不能把时间花在提前学习上，更不能死记硬背。要有耐心，等孩子能够自己熟悉概念，即使这意味着再回到低年级。

在小学课程中，父母知道解题过程，因此可以在旁边观察孩子的错误，引导孩子得到正确答案。初中、高中的课程，除非家长是初中、高中的教师或补习班的教师，否则很难帮助孩子解答。在父母能够指导的小学时期，应该让孩子多练习、多试错，因为父母可以判断这是不是错误。等上初中和高中后，孩子再以这样的经验为基础自主学习。因为父母不知道做得对不对，那时孩子更清楚，这就是元认知。

23

别急着丢掉，请把孩子的作品展示出来吧

“你为什么要丢掉它？这是我在学校做的。”

“因为你随便放在那，我还以为要扔掉了。你在哪里找到它的？”

“就在垃圾桶里啊，你怎么能扔掉它呢？都皱了。”

“不是啊，因为已经皱了，所以我才扔掉的。那你应该好好保管啊。”

“这是我放在这里的！为什么不问我就丢掉？”

有时我会扔掉孩子带回来的东西，孩子会像疯了一样找，找到后问为什么扔掉的时候，我很为难。这些东西没地方放，甚至因为孩子自己也不珍惜，所以才会被扔掉，可是孩子还问家长为什么要丢掉。即使自己不在乎，也希望妈妈珍藏。

有的孩子想把在学校活动做的东西带回家，也有孩子想

丢掉。想要扔掉的孩子们大部分都是随便做的，因为他们知道最后要扔掉。谁去丢掉呢？

“反正妈妈会扔掉的。”

孩子们努力制作的一个理由是为了得到老师的称赞，另一个理由是为了给父母看，而第二个动机更强烈。但如果作品被丢掉，情况就不一样了。对于无论什么事情都竭尽全力做到最好的孩子来说，他们渴望着父母的称赞。

“我想带回家给妈妈看看！”

没有一个孩子从小只为自己学习。激励他们继续学习的动力首先是从父母那里得到的称赞，以及从中获得的满足感。你是不是把孩子们包里的作品当成“漂亮的垃圾”扔进了垃圾桶？孩子们会认为反正拿到家里也会被扔掉，所以不必认真做。我被孩子们的话吓了一跳，从听到这话的那天开始，我就把孩子包里的“漂亮垃圾”收集并展示出来。在窗边展示了一两个月，然后拍下照片问：“现在可以整理了吗？”得到允许后，我再整理。如果不是要扔掉的，孩子就会将其制作成可以自豪展示的作品。

如果你想让孩子每天在学校都全力以赴，就不要吝惜对孩子的表扬。即使作品在父母眼里看起来微不足道，也要想想孩子所付出的努力，真心地称赞他：“太棒了，做得真好。辛苦了。”何不为他们准备一个可以放置作品的小空间呢？如果能拍下照片分享给家人，孩子会非常高兴。

孩子们把每天在幼儿园折的彩纸收集在一起，每到周末就把它们按种类粘贴，并制作成图画在墙上展示。在树篱上画各种动物，建造动物园；将火车连接在一起建造铁路；在天空中画上漂亮的太阳，使风景完整起来。这些都值得称赞。

孩子小时候的努力一般不会得到回报。大人也很难在没有奖励的情况下持续努力，所以会通过分数、考评反馈等获得补偿。孩子们的学习时间长达 12 年，如果没有父母积极的鼓励助威和支持，他们很难坚持到最后。

孩子们考完试后得到高分时最先会说："我可以带回家吗？我要给爸妈看看！"在孩子们质朴的小小心愿里，每天都有一个取悦父母的计划。他们要努力学习，不让爸妈失望。他们在美术课上画出的作品也都想送给妈妈。让我们为孩子们的美好心意感动吧，孩子们书包里"漂亮的垃圾"能让他们成长为最棒的自己。

24

请用“看不见的手”行动

因为要让孩子自己做，所以有些父母就不管孩子了。有些孩子的书包里的家庭通信已经有一周没有写了。让孩子自主做事，并不是不管孩子，而是父母应该用“看不见的手”行动。也就是说，父母不要帮孩子削好铅笔并放进铅笔盒里，要在旁边看着孩子自己削铅笔、整理书包。

虽然要让孩子自己准备好该准备的物品，但他们每次都有漏掉的东西。这时父母要帮助孩子确认，应该告诉孩子准备作业、准备物品的方法。做作业和准备东西是孩子的分内之事。即使你在玄关前准备好了物品，孩子也可以自行决定要不要带。

有一些孩子因为在上学路上想起没带的东西而回家拿，所以经常迟到。即使孩子迟到了，家长也不用联系老师，应该让孩子自己告诉老师：“我忘了东西，回来取了一次，所以迟到了，下次不会再迟到的。”为了让孩子自己处理学校里发生的事情，父母就用“看不见的手”行动吧。

偶尔父母也会发短信。“老师，孩子忘记写作业了，怕挨骂，说不敢去学校，请您不要责怪他。”这样对培养孩子的自主性没有帮助。我从来没有因为孩子们不做作业而责怪他们，我也没办法放着没完成作业的孩子不管，只去指导其他孩子。不如让孩子给老师发信息说“老师，我没有写作业，我想写完再去上学，可能会迟到一会儿，请谅解”或者“老师，我忘了写作业，我会很快写完交上的”。只要教育孩子诚实地说出来就可以了。听了这样的话，没有老师会再批评孩子的。父母不应贸然出手相助，如果孩子没有求助，父母应该先等等。要给孩子创造一个可以自己尝试的环境，在孩子们做主角的舞台上家长们必须守在幕后。

倾听、换位思考，并询问需要什么样的帮助

在我向丈夫倾诉烦恼的时候，他通常会说：“那就别做了！”在人际关系中，如果与同事发生不愉快的事情，丈夫们可能会这样说：“那不见面不就行了吗？”但女人们不会这样做。如果他能体谅我，站在我这边，我其实会自己处理好，但丈夫说一定要辞职，这让我很生气。在孩子的问题上也是

一样。

孩子们的小争吵，家长不应该总是出面干预。孩子们之间闹的小矛盾可能会引发大人的争吵。有时孩子们之间没有什么问题，父母的参与反倒让事态升级，让孩子们很为难。

倾听孩子们的话，与他们产生共鸣，问他们想怎么做，让他们像大人一样解决问题。每一个年级和班级都有不合群的孩子，长大成人后也一样。即使更换班级，也不能保证新班级不会遇到这样的孩子。孩子们要学会与合不来的同学保持距离的方法。

孩子能向父母倾诉与朋友闹矛盾，也许是一件值得庆幸的事。因为他认为父母会听他说话，所以可以对父母说。当孩子直接跟你说话的时候，你需要用正确的方式倾听。哪怕是很小的问题，也要认真帮助孩子们理智地解决，这样当遇到更大的问题时，他们才会向你寻求帮助。

在孩子们小打小闹时，父母一定不要出面。要用“看不见的手”帮助孩子解决交友问题。告诉孩子，如果有必要可以向班主任请求帮助。但不要跟孩子说“我明天打电话告诉老师”之类的话，这不是帮助孩子的办法。父母可以背着孩子向班主任询问孩子的状态如何，并与班主任讨论让孩子自己解决这个问题的办法，这才是真正在帮助孩子。

25

请给孩子买一张好书桌

“现在孩子要入学了，我是不是该给她买张书桌？”以前她复习、写作业都是在餐桌上，现在好像到了该坐在书桌前学习的时候了，所以我买了两张又大又长的书桌放在客厅。孩子到了学龄期，最先想到的就是书包和书桌。父母也憧憬着孩子自己坐在书桌前集中精力学习，但这似乎只是一个梦想。即使是学习好的孩子，只要朋友在旁边玩，他也会想跟他们一起去玩。

身为一名学校教师，每次参加网络培训我都会感到恐惧，我特别讨厌教育厅强制听的研修课。孩子们更累，如果不算课间休息的10分钟，他们要从早上8点坐到下午4点，甚至放学后还要去补习班。孩子们每天要坐8～10个小时，回家后还要一直端坐着吗？

学习是一个孤独的过程。当大人们觉得在家里学习很困难时，他们会去自习室或咖啡厅。大部分人都希望和别人一起学习，这样可能学得更好。

孩子们上小学时觉得自己已经长大了，但其实只有六七岁。他们到3岁还不会说话，5岁左右适应了幼儿园，然后来到学校度过新生期，现在只是稍微长大了一些。如果你给孩子买一张书桌，让他进屋关上门，一个人学习30分钟，谁能做到呢？

对孩子们来说，30分钟真的很长。小学将40分钟的课时分为4～5种活动。开始上课时有5分钟时间引导孩子们集中注意力，3个活动各分10分钟进行讲解后，剩下的5分钟用来总结。将每节课分解成10分钟的原因是孩子们很难在40分钟内一直坚持做同一件事，他们的注意力持续集中的时间很短。

学习就要吵吵闹闹才行

学习应该以与人的相互交流为基础，既向对方进行说明，又向对方提出问题。学习的方法之一是自学，这是我想说的方法，即孩子们向父母说明，父母倾听就可以了。当孩子们用语言说明时，就会产生知识的结构化。换句话说，原本像没有拼凑好的拼图一样分散的知识在向父母进行说明时，就会变得井然有序。父母应该用词语或简短的句子向孩子重新表述，并和孩子一起学习。孩子一边提出问题一边学习，父母在解答问题时也是一个学习的过程。

“妈妈，什么是双引号和单引号？”

“这是哪来的？”

“我做的习题上有，我在学校学过，但我忘了。”

孩子们学过但忘了，也不要骂他们。如果他们依稀记得，说明他们在课堂上听过。你需要耐心地告诉他，下次他才会继续问。要教会孩子不知道的就应该问。

“把你喜欢的书拿过来。这里有个长得像短豆芽的是引号，有两个的（双引号）还有一个的（单引号），为什么有两个呢？”

“表示这句话是某个人说出来的。”

“对！你现在才想起在学校学的东西吧？那这里为什么只有一个呢？”

“因为在那个人说的话里又有另一个人说的话。”

“没错。你记得很清楚。首先引用的，用双引号，里面再包含引用的内容时……”

“啊！等等！我来说吧！首先引用的，用双引号，如果里面又包含了引用的内容，就用单引号。”

“哦，真是了不起。那你现在知道引号的作用了吧？”

“啊，现在知道了。”

“不错！那就继续做吧。妈妈去洗碗。不明白的你再问我。”

妈妈洗碗的时候，让孩子坐在厨房的餐桌前学习吧，或者趴在客厅地板上，以自己舒服的方式学习也是可以的。

但在学校可不能这样，要以正确的姿势坐着，把书本整整齐齐地打开，把椅子紧靠课桌，好好学习。治病交给医生，开药交给药剂师，学习交给老师。在家里就让孩子休息一下吧，这样孩子在情感上就不会感到孤单。学习的时候我们更应该让孩子感受到温暖，这样自然会形成元认知。

26

感到写作有困难的时候，请打开收音机

我发现学习成绩好的孩子既不上补习班，在家也没有做很多额外的训练，他们甚至会说“我妈妈不让我学太多”这样的话。其他家长非常好奇这些孩子到底是怎么做到成绩好的。

与孩子们进行交谈，看了他们的日记本、作业后，我有一些感触。在什么都不做就能学习好的孩子的背后，有着与父母坚实的纽带关系和温暖的“对话”交流，最终在孩子身上形成了阅读能力。和孩子们沟通就是在培养他们的语文能力，就是打开好成绩大门的核心钥匙。特别是在社会生活中，沟通能力与读写能力有关，与父母的对话方式也适用于与朋友的交流。与父母沟通不当会影响孩子们的学校生活，甚至会影响他们成年后的社会生活。读文章的阅读能力固然重要，

但对社会的理解能力更重要。说得明白，善于倾听，建立良好的人际关系比语文考试得100分更重要。

能言善辩就能写好文章。这不是话多话少和内向不内向的问题，而是意味着要进行更多的对话和交流。即使是性格内向的孩子，只要在平静的氛围中引导话题，也可以进行深刻而丰富的对话。如果给他们思考的时间，他们就能进行非常有趣的对话。沉默寡言、内向的孩子在很多朋友面前羞于说话，并不是因为他们不会说话。他们只是不能很快把自己的想法说出来，所以给了其他朋友先说话的机会。如果让他们写文章，并给予充足的时间，他们就会写出很好的文章。

如果想把孩子培养成擅于写作的孩子，你就应该多和他们对话。家长要倾听孩子的意见，尊重孩子的异想天开。即使你已经知道，也要像第一次听到那样表现出惊讶和好奇，让孩子觉得“我的爸爸妈妈是很好的倾听者”。到了青春期，孩子就会把最有趣的故事讲给父母听。读写能力不是仅仅通过书本、作文课就能具备的，有的孩子书读得多，文章写得好，论述也很好，就是因为与父母充分的沟通交流。

让写作变流畅的方法

经常和孩子聊天就能知道孩子对什么感兴趣，也可以提出引发孩子思考的问题。如果你的孩子有作文作业，你可以打开录音机和孩子对话。

“这里出现的人物，你最喜欢谁？”

“你觉得哪个故事最有趣？”

“你觉得会是什么样子？”

“对！和我们上次去玩的时候看到的差不多。”

“对，没错！你上次和那个朋友玩的时候不是说发生了同样的事情吗？”

把录音内容原封不动地记录下来就能储备丰富的作文素材。如果孩子有读后感作业，家长不要说：“读完书快点写。”他们能抄写完书后一页的情节就不错了。主要科目的解题过程也是如此。如果让孩子们写解题过程，他们会写出“只要我动脑子想就能解决”这样的话，让老师们大吃一惊。这时，让孩子说出自己是如何解题的，然后将孩子说的内容录音，再用文字记录下来，就成了解题过程。

没有主旨的对话是不能进行下去的。从小开始我们就应该为孩子创造对话的主题，坚持分享和孩子的经历，记住并及时作为聊天的素材提出来。如果希望你的孩子能够独立完成写作作业、数学解题和论述课题，就应该让他多和父母聊天。在初高中评价考试和论述课题中，他会想起和父母的对话，写出内容丰富的文章。

让孩子多说、多听，如果孩子说的句子杂乱无章，你可以帮他用简单的话重新描述。“我去图书馆借书，所以我借了这本书。”如果孩子这样说，你可以帮孩子改述为：“我去图书馆借了这本书！”写作秘诀是以文章理解能力为基础的，培养写作能力既不靠补习班，也不靠阅读理解习题集，而是通过对话。

27

如果不喜欢读书就先读一下这个吧

“你想把他培养成一个喜欢读书的孩子吗？”

这个问题本身就不该这样问。一个人可能喜欢爱情片，讨厌动作片，那么这个人到底是喜欢电影还是讨厌电影呢？一个人喜欢民谣，但不喜欢嘻哈，那么这个人是喜欢音乐还是不喜欢音乐呢？根据孩子的兴趣，他们有喜欢的书，也有不喜欢的书。可以根据孩子们的兴趣让孩子们享受读书，只要他们喜欢读就可以了。这么说来，我们的孩子都是喜欢读书的，只是感兴趣的领域不同而已。

最近，阅读和写作教育风靡一时。为了让孩子提高成绩，我也认真地搭上了这列车。让孩子们大量阅读，努力寻找孩子们关心的事情，声情并茂地给她们读书，还带她们去逛书店，我的两个孩子都成了喜欢读书的孩子。

孩子小的时候我会一边播放动画片，一边哄她睡午觉，过了 5 分钟孩子就关掉了电视说："一定要看这个吗？"《冰雪奇缘 2》上映的那天，我想带孩子去电影院看看。我很兴奋，这是一部让所有孩子都狂热的动画片，本以为孩子会喜欢，但我们只看了 30 分钟就从电影院出来，去了书店。

年末旅行去度假村的那天，我打开正在播孩子喜欢的动画片的频道。看了一集，孩子就说想关掉，她认为看书可以尽情想象颜色和场景，每次读都有特别的乐趣，但看电视就没法发挥想象，没有意思。

大人在看电视剧时，遇到无聊沉闷的剧，哪怕其中有喜欢的演员，也会看不下去。孩子们看书也是一样，如果内容有趣，即使文字多要花很长时间阅读，他们也会坚持读下去。

在学校读无趣内容的孩子们

读书应该以孩子的兴趣为基础，寓教于乐。通过这种方式还可以带来其他益处，如果这样，孩子长大成人后就不会放下书，会在书中寻找自己需要的人生智慧。

"我的孩子只看漫画书，怎么办？"

很多父母都为此担心。不要担心孩子们不读书。每天早上 8 点，老师们就以"把书打开"为起始，以"把书放下，下节课提前翻开书"为结束。也就是说，孩子们从早晨到傍晚都在看书。但不要只让孩子一个人读，我们可以与他一起读，然后再让他自己读，可以让他把读到的讲给朋友听，还可以出个题目考考他有没有读好，看看他是否能填好习题里的空格。即使是音乐课，也要读教科书。美术书甚至体育书也要读。

但问题是，读教科书真的很无趣。习题集里的段落也没有意思。而且，孩子们需要集中精力读这些无趣的文章并解答问题，才能在考试中取得好成绩。儿童读物的编写方式是将难懂的内容变得简单有趣，将艰深的术语换成简单的词语，以便孩子们在读的过程中不失去兴趣。

小学一年级语文教科书中出现了“因素”一词。孩子们不知道这个词的意思，就解不了题。在回答问题的 30 个孩子中，只有不到 5 人大致猜中了题目的意思。孩子们只有经常接触难懂的词，才能跟上课程。

在学校感到学习困难的原因就在于此。换句话说，他们要从早到晚阅读无趣的课文，还要看几个小时只为了传授知识而编写的书，压力之大可想而知。

能让孩子畅读教科书的高性价比教材

教科书虽然篇幅短，但比起那些趣味性强的书，读起来更费劲，要花更多精力。我推荐阅读儿童报纸。读报可以让孩子读到大量精练的文章，并熟悉其中词语的含义，就可以轻松地读教科书和阅读理解文章。

我记得曾读到过这样一则报道：如果事先给高中的孩子们讲了上课需要的词语，他们对课程理解度和参与度都会提高。在报纸文章中熟悉了字词、专门用语、精炼的句子和隐含的词语的孩子们更容易读好教科书，如果希望孩子学习好，读报会有很大的帮助。

每天读一篇孩子们喜欢的艺人或体育赛事的相关报道，能快速提高孩子的课本阅读能力。如果他们不想读，你就读给他们听。这是培养主动阅读能力的好方法。

市面上出现了很多培养阅读理解能力的习题集，这些可以反复练习多种题型解题技术的习题集确实有很好的效果，但读报可以接触反映多个领域时事的文章，内容更加有趣生动。

对很多低年级学生来说，儿童报纸中也有很难理解的报道。如果他们理解了报道，就可以读懂教科书，解决问题。但解题式阅读理解是有限度的，只能用于解题。孩子们要学的不是解题技巧。根据出题者的不同，问题的类型会不断发生变化，但如果阅读能力强，无论出现什么样的问题，都能掌握其核心含义并顺利解答。

把阅读范围从新闻报道扩展到教科书

儿童报纸上有各种主题的文章：社会、经济、文化、科学，由小记者们撰写，并配有图片。如果经常阅读同一主题的报道，你就会发现同样的词语会反复出现。例如，在与科学相关的报道中，就有“据某某大学研究组称”的说法。刚开始对孩子说：“前面的‘某某’是名字，后面的‘University’是大学的意思，研究组是指由多名研究人员组成的组织。”如果他们喜欢这样的报道，并经常阅读的话，之后再出现“组”一词，他们就知道是指很多人。

报纸读得好，就会延伸到读书。父母了解孩子感兴趣的事情，可以找到相关的书，让孩子爱上阅读。对感兴趣的领域，即使你不让孩子们阅读，孩子们也会自己找来读。字还认不全的孩子死记硬背恐龙的名字是很常见的事情，因为他们感兴趣。

孩子长大后，就会忘记自己的兴趣所在。从学校的情况看，很多同学不会进行自我介绍。当我问他们长大后想做什么，他们说不知道；当我让他们写喜欢的东西时，他们说什么都不喜欢。他们说“不知道”是因为忙于学校的功课，忙着去补习班。

通过翻阅报纸一起找找孩子感兴趣的事吧。也许有一天他们的兴趣会改变，喜欢的明星也可能会改变，孩子也有可能在不断寻找自己兴趣的过程中决定自己的前途。通过这种方式，父母可以与孩子始终有话可聊。也不一定非得是报纸，也可以是孩子感兴趣领域的杂志，父母和孩子一起读。明星画报杂志也可以。如果孩子喜欢烹饪，就读烹饪杂志；如果孩子喜欢野营，就读野营杂志。这样你就可以与孩子进行丰富的交流。如此读下去，孩子就会自然而然地跟着读。还有性价比这么高的“教材”吗？这是一本能让孩子流畅阅读教科书的“魔法教材”。

懒人育儿法

利用报纸和杂志培养阅读技能

使用报纸和杂志，就可以很轻松地进行各种有趣的阅读和理解训练，比如：

1. 读新闻内容，为其拟标题
2. 按照文章内容进行想象并画一幅画
3. 找出有春夏秋冬感觉的照片并进行分类
4. 给照片加上标签
5. 用报纸上的词语进行自我介绍
6. 用报纸上的词语和图片打造想象中的家
7. 从报纸或杂志上挑选 3 张图片，编个故事
8. 做生日计划书
9. 用报纸上的词语做成语接龙
10. 制作纵横填字字谜
11. 在报道中找出新闻六要素
12. 在新闻报道的图片中收集各种各样的颜色

28

妈妈别再去学校了

“对了！室内鞋！”

我明明记得昨天晚上已经把洗好的室内鞋给孩子带上了，可直到放学才看见她的鞋还整整齐齐地晾在窗台上。有一次，到了幼儿园，我才发现只带了孩子，忘了带书包和午睡的被子。我安慰自己，还好没弄丢孩子。在做家务、照顾孩子时，我总是手里拿着手机还到处找手机。

家长们因为忘记准备学校作业和物品，担心自己的孩子被认为有一个不关心孩子的妈妈，这种心情可以理解。我也对孩子的老师感到很抱歉。因为忘记给老大注册学校银行，我接到了学校行政处的电话，而且我每次总是很晚才回复学校的通知。

我的同事既是教师又是孩子妈妈，因为学生的入学仪式而不能参加自己孩子的入学仪式是常有的事。因不能参加自己孩子的家长会、运动会、毕业典礼，在视频通话中焦急又遗憾的样子也没少见。因此，我比任何人都能理解不能参加家长会或学校活动的妈妈们的心情。

就像我在成为一名教师后才真正了解教师一样，我在学校和家长接触多年，但直到我成为家长后才真正理解家长的感受。只要给老师打电话，我的心就会怦怦跳，发短信时也会很在意措辞。“要发这个表情符号吗？要用微笑表示吗？要这样说吗？”作为老师的我是这样，其他的妈妈更是如此。其实，老师们能够理解父母的心情，如果孩子忘记带准备物品，父母们不必紧张地向老师说明，也最好不要去学校。孩子可以用学校里的备用物品，或临时借用一下同学的，第二天一定准备好所有用品就好了。

有的孩子在看到考试分数后哭了。一个孩子是因为做错题目而哭，另一个孩子是因为怕被妈妈骂而哭。前者会继续好好学习，后者也许有一天就会放弃学习。要让孩子对自己的学习负责。考试考不好，他们应该难过。孩子的考试分数不是妈妈的。

不要担心自己看起来像个不在意孩子的妈妈。老师是来教孩子的，不是来教妈妈的。妈妈只要在家里尽自己所能提供帮助就行了。学校里发生的事情让孩子自己解决吧。因为没带准备物品、没写作业、考试没考好而发生的一切，都是孩子自己该去解决的事情。当然，这并不是说考试前一天对孩子什么也不管。考试前要尽力帮助孩子复习，不要指责他，要让他在温暖的话语中学习。

“明天就要考试的人现在应该这样吗？你已经想好了吗？不坐下学习吗？是你的考试，还是我的？这是你的人生，你自己看着办吧。”

我们可以说同样意思的话，但稍微改变一下说法。

“明天要考试，你抓紧学一点，明天考试就能多答对一道题。想让妈妈帮你吗？当然，这不是妈妈的考试，是你的考试。就算答错了我也不会批评你的，但如果你不想觉得可惜，那就尽力吧。”

帮助孩子自主学习就足够了。而且，考试结束后，要允许孩子表达情绪。“我没说错吧，你虽然昨天做了那道题，但是没想起来，应该觉得有点可惜吧。”

如果孩子说：“今天没有带准备的东西。”你可以问：“所以你是怎么做的？”不管是向朋友借，还是向老师借，无论如何都会解决的。这样做就可以了。最后你说：“做得好，下次我们要记得做好准备。”

29

做一个像泥土一样温润的妈妈

在我遇到的那些学习好的孩子们背后，都有父母提供的能给孩子充足养分扎根的土壤，孩子们可以茁壮地成长。无论何时，孩子们总是能无忧无虑地生活。这些孩子的根虽然又小又细，但能牢牢地抓住土地，不被任何风雨摇动。为了让孩子们好好扎根，我也决定做一个像泥土一样温润的妈妈。

我25岁时是刚上任的新教师。在与学生家长的商谈中，有的家长对我不太尊重，说出“没生过孩子的人知道什么？”这样的话，甚至不来参加家长会。后来我遇到一个学习不是很好但很乖巧的孩子，我想帮助他提高成绩。每次他父母来学校，他们都对我谦虚有礼。我一下明白，孩子的礼貌一定是从父母那里学来的。他没有上过补习班，但能实实在在地学习所有科目，每堂课都认真听，他的背后有着坚强而温暖的父母。孩子妈妈总是很认真地听他说话，在家庭中给他建立了良好的学习氛围。

这又让我想起了双职工家庭中因为没能好好照顾孩子而经常操心的家长。他们忙得连学生的家长会都很难参加，常常用电话代替到场。而前面说的那个孩子始终呈现温和的状态，没有什么情感欠缺。虽然父母在生活上无法做到事无巨细，但在父母博大的胸怀下，他成绩提高得很快。每当哥哥因先天性疾病要做大手术的时候，孩子就得辗转于姨妈家、奶奶家，但孩子总是说没关系。他拿出文具盒说："我知道妈妈每天都爱我。"

孩子的文具盒里有一张纸条写着："妈妈每天都爱你。"纸条上关心的内容每天都会变，从未间断过。孩子害羞地告诉我，妈妈每天早晨都会给他写这样的话。虽然他是个话少的孩子，但在那些时刻他总是很健谈。父母有多少钱不重要，住哪里的学区房也不重要，情感温暖的地方才是好学区。

人们常把孩子比喻成一只碗。为了使碗变得坚固，父母给孩子的土要好。你需要成为一块好土，并给孩子留下好土。干硬的土做不出碗来。做碗前，你需要用好土和好水把它揉好。孩子小的时候把土混合好，碗坯在晾干的过程中才不会裂开，还能在烈火高温中被烧制而不破碎。

等孩子们把碗做大了，他们自己会用你无法想象的东西来填满它。如果妈妈想把碗装满，就只能装到和妈妈的碗一样多，而妈妈知道的远不及孩子知道的。如果想把孩子的碗装得比妈妈的碗多，你就应该放手。孩子这个器皿不知道能变多大。妈妈只要守护着孩子自己成大器就行了。

老二从4岁开始独自洗澡、刷牙、擦乳液、穿衣服，头发也是自己梳。大家都问我："如果她自己洗得不好，你不会觉得不安吗？"她第一次尝试自己洗的时候，我站在旁边看着，一年后就能洗得很干净了。孩子说要用吹风机，我就让她自己用。不过我会确保她的吹风机安全，并告诉她如何打开弱风。

每当我担心孩子自己洗不干净时，我就安慰自己说："孩子们身上再脏能脏到哪里去？"现在，老大和老二会互相检查对方的头上有没有肥皂没冲干净。有时候她们自己洗的时候也会向我请求帮助。"妈妈，我都洗好了，你帮我看看有没有冲干净？"

要相信孩子，不要感到不安。经济不繁荣是因为现在这个时代就是如此。不知道孩子以后生活的时代会怎样，父母应该让孩子相信自己并成长在一个良好的家庭环境中。好房子并不是全部，并不是给孩子买昂贵的包和华丽的衣服，孩子就能获得很高的自尊心。妈妈信任孩子，爸爸爱孩子的家庭环境才是关键。如果父母没有安全感，孩子也会缺乏安全感。如果父母因想摆脱这个环境而感到痛苦，孩子也会觉得不安和痛苦。如果父母认为自己在家庭中非常幸福，并这样告诉你的孩子，孩子就会相信并成长。一个好的学区，一座真正的金矿，可以由家长来创造。

懒人育儿法

每天向孩子表达爱的方法

打开孩子的记事本，瞒着孩子偷偷写下："妈妈真的很爱你！"孩子会在学校发现这张纸，感到开心，并知道妈妈很爱自己。你还可以在孩子每天装到包里的水瓶上写"我爱你"，孩子每次喝水的时候都会想到妈妈的爱。孩子睡觉的时候，妈妈偷偷把纸条放在他的文具盒里，早上孩子在学校打开文具盒的瞬间，妈妈的爱就会跳出来！

后记

不要让孩子感到孤独，但要让孩子独立去完成

给孩子们出一道难题，让他们自己解决。其实很多时候孩子们是更好的老师，因为他们更了解自己不知道什么、不理解什么。初学者的心，初学者最清楚。作为老师和家长，或者说作为已经送孩子上大学的母亲，我最清楚家长们这个时期想知道什么，这也是我最能毫无保留的话题。

因此，即使这本书里写满了好话，我也希望不要有人认为我是完美的妈妈。我写这本书的初心是希望大家把它当成一个早早做了母亲的人的絮叨。因为我在学校里每天都能看到优秀的孩子，在大学里又专攻教育学，所以我对怎么教育孩子有更多了解，但同时我也是一个挫败时会哭泣、自怨自艾的妈妈。

在旅行中，任何事情都会成为插曲和回忆。就连迷路时遇到的陌生村庄也能成为新的旅游胜地。希望孩子们的学

习和生活也能像旅行一样。很多孩子虽然说不知道长大以后做什么，但最终都顺利长大成才，因为他们的父母在他们努力成长的过程中放手了。父母不过多干涉，孩子可以按照自己的心愿去发展，做自己真正喜欢的事，所以有了坚持到底的力量。“你想成为什么样的人，自己心里要清楚。”这并不是放弃孩子。放弃和放手虽然只有一字之差，但结果却截然不同。

孩子们拥有神奇的能力，不用教就学会了翻身和坐起，只要听到爸爸妈妈在旁边的说话声，就能学会说话。成年人出国生活 3 年就能学会一门外语吗？但孩子们可以，他们三四岁时就能跟大人对话。大人对孩子的成长不能过于焦急。

父母应该让孩子们不受限制地做自己能做的事，充分满足他们的主导性和自律性。这样，他们学习的基础力量才会增强。如果不危险，就应该让他们尝试一切。粥也好，饭也好，让孩子自己吃吧。即使看起来什么都没做，他们也有自己的想法和计划。如果父母总是在旁边守着，孩子们就不能随心所欲。什么话都不用说，不管结果如何，那都是孩子的事情。如果比起衣着干净，你更想培养出一个内心清澈的孩子，就应该对他有一颗放松的心。

在孩子们独自踏上人生之旅时，我只会问他们是否都挺好，是否需要帮助。虽然是一个人的旅行，但我不会让她们感到孤独。在孩子需要帮助的时候，父母随时都要做好伸出手的准备，用温暖的情绪拥抱孩子，与孩子交流。即使出现失误也要以宽容的心体谅孩子，和他们一起走完旅程。但父母不能替孩子去旅行，在孩子们成人之前，父母应该做孩子们“可靠的旅行社”，让他们人生的旅程顺利、温暖、快乐、幸福。孩子们一定会茁壮成长，就像我们成长得很好一样，孩子们也会成长得很好。希望任何人把这本书合上之后，在脑海中都会浮现出一句话：“不要让孩子感到孤独，但让孩子独立去完成吧。”

小学入学准备

生活篇

很多家长会在孩子们入学前让他们做语文、数学等学习准备，事实上在一年级的学校生活中有很多比学习更重要的事。学习可以到学校来进行，但如果不在家里做好其他准备，孩子们可能会感到不知所措。学校与幼儿园不同，非常强调纪律和规则（书桌、椅子要整齐摆放，孩子们有自己的固定位置），因此，仅仅空间本身就给孩子们带来很大压力。

孩子们进入全新的环境，如果感到不知所措，学业就会跟不上进度。举例来说，有个孩子急着上厕所，却无法适应学校的卫生间。虽然有举手要求去卫生间的孩子，但也有很多孩子不会这样做。一年级刚开始时，很多小朋友因为紧张而肚子疼，因为不习惯在学校上厕所，所以上课时一直憋着，哭着说要回家。这样的经历可能会导致孩子不想去上学。

如果做好准备，很好地适应了学校生活，这样的事情就会减少，孩子们在学校也会充满自信，而有自信的孩子会在遇到其他突发情况时也能自己解决问题，所以也能集中精力学习。孩子们要适应学校的学习已经很不容易了，所以生活方面最好由父母来协助准备，这对适应学校生活有很大的帮助。

1. 自主大小便

上课时，如果想上卫生间，一定要告诉老师。

即使不要大小便，在休息时间也要去卫生间。

练习大便后如何处理。

和十几年前不同，现在的孩子经常说自己想上厕所。如果说10年前我负责的一年级小朋友虽然能自己解决大小便问题，但是因为没及时说“我想上厕所”而经常出现失误，那么现在的孩子则恰恰相反。

大小便后不会处理的孩子虽然想上厕所，但因为害怕陌生老师，所以他们很难请老师帮助。在课堂上，孩子们不好意思跟老师说要去厕所，因此都忍着。即使老师帮助他们，由于彼此还比较生疏，很多孩子还会哭着说要回家。如果不练习，自己不会处理大小便，就会偶尔出现失误，或者无法集中精力上课，所以最好在家里认真练习如何处理。

2. 练习打开各种盖子

练习打开牛奶、酸奶、瓶装饮料、矿泉水瓶等的各种盖子。

带去学校的水杯可以用一按即开型的，自己打开。

瓶装水的盖子不太容易打开，父母可以打开再拧上后给孩子带着。

学校午餐可能会提供各种饮料作为饭后甜点，最好是让孩子练习自己打开盖子。特别是如果孩子自己不会开饮料瓶盖，就会找老师帮助，孩子在座位间移动的时候可能还会打翻餐盘，或者制造其他预想不到的事故。另外，一年级的孩子如果不能用手打开盖子，就会试图用嘴打开，偶尔会发生掉牙的事故。

另外，如果喝完水不能自己盖好盖子，还会导致课本和学习用品被打湿。

3. 端着盛了汤的碗走路

练习一手拿着汤匙，一手拿着盛汤的碗。

在食堂里，孩子们拿着盛着汤的碗惊险地走着，身体和手都摇摇晃晃。

在幼儿园，孩子们坐在座位上，老师会给他们盛汤，但在学校吃饭却不是这样。孩子们要自己一手拿着羹匙和筷子，还得用餐盘接菜。如果孩子们在家里练习拿着盛有汤的碗走到餐桌旁，到学校他们就可以拿着餐盘稳稳当当地走了。

4. 向后传卷子或通知单

从一摞卷子中拿出一张再将剩余的向后传。

每天我都会发现有自己不拿卷子就向后传的孩子，还有把收到的卷子都自己拿着的孩子，导致有的孩子拿不到。还有的孩子不知道自己有没有收到。在家里，试着一家人坐成一排，像做游戏一样练习拿一张纸向后传。

5. 在盖子上写名字

在各种盖子上写上或贴上自己的名字。

一年级是与盖子的战争。水瓶盖、笔盖，等等，每天都能看到几个失去“主人”的盖子。一定要在盖子上写上或贴上自己的名字。在 12 种颜色的水彩笔上也要写上名字，防止孩子们说弄丢了找不着。

文具和随身物品上，特别是外套内侧都要写上姓名。一年级新生的书包大同小异，容易混淆。穿羽绒服的季节一到，老师们就得变身失物招领中心的老板或警察进行案件调查。我记得有个孩子的羽绒服被另一个孩子当作自己的衣服穿走了，我和家长一起辛苦地找了一个星期。在穿羽绒服的季节，教室里有 20 多件颜色、款式近似的羽绒服混在一起，所以在外套里面一定要写上名字。

6. 注意长外套、长书包带

长外套和长书包带常常会被孩子们踩在脚下。即使是又贵又好的名牌羽绒服，一到学校也会在灰尘里滚来滚去，所以我不推荐给孩子们买贵的长外套。

① 整理书包带

书包带太长，会被桌腿夹住，也会被同学踩到。当把书包放进储物柜时，书包带还会卡在储物柜缝隙里，导致柜门打不开。也有孩子被书包带绊倒摔断了胳膊。在网上搜索“整理包带”等关键词，就能找到干净利落的整理书包带的方法。

② 整理外套

有的学校可以用衣架挂外套，没有衣架的话，外套挂在椅子上就容易掉下来，然后被同学踩到。冬季外套和春季夹克最好是将双臂向内折叠，卷起来放进帽子里再放进书包里。

7. 推荐使用笔袋

最好是只有存放功能，只有一个口袋的简单的笔袋。

① 不推荐大笔袋

作为教师，我不会推荐大笔袋。因为它太大了，放在桌子上和抽屉里都不方便。对于不太会整理书桌的一年级学生来说，教科书、笔袋、彩色铅笔和签字笔会让桌子变得很拥挤。类似形状的小笔袋就足够了，要避免尺寸过大。

② 不推荐口袋多的笔袋

如果笔袋的口袋多，孩子们找东西时就会只打开一个口袋说没有，不会一一查看。当然，一一翻找也很花费时间，所以要避免使用。

③ 避免使用有棱角的硬文具盒

不推荐塑料文具盒、纸箱型文具盒等有棱角的文具盒。硬质的、有棱角的文具盒，不仅有安全隐患，不小心掉在地上会发出很大声音，干扰课堂学习。

④ 不推荐带漂亮娃娃的文具盒

文具盒上附带的漂亮娃娃会让孩子们总想拿起来玩，分散学习的注意力。最好还是准备功能简单的文具盒。

8. 先做好自己的事情

孩子们看了很多童话故事，在幼儿园学得很好，很愿意帮助朋友。问题是，他们自己的事都没做好，反而先去帮助别人。虽然帮助别人很酷，但我们要教孩子先把自己的事做完，有时间再去帮助朋友。

希望父母不要强迫孩子帮助朋友。“老师会帮助其他同学的，你先尽最大的努力做好自己的事。老师会看其他同学做了什么，你不帮忙也没关系。在朋友做不好的时候，帮助朋友是好的，但是学习的事还是让朋友自己去做吧。”

小学入学准备

学习篇

一提到学习，家长们通常会想到语文或数学，但对老师来说，学习是指“学习习惯”和“学习态度”。如果在家庭中没有养成良好的学习习惯，一味地超前学习，那么即使孩子提前学再多，也会对学校生活感到吃力。下面介绍一些优秀孩子的学习习惯。

1. 学习写字

每个班主任的要求都不一样。如果孩子还不会写字，我建议一定要和班主任商量一下。以我的情况为例，如果孩子对写字还不感兴趣，上学后再教他学就是了，不能在入学前就因为逼着孩子学写字而让他对学习失去兴趣。我辅导过数百名一年级学生，我发现他们刚入学时什么都不懂，但上一段时间学，他们开始感到欠缺时就会主动央求家长教他们，这个时候学写字正合适。

每个孩子对写字感兴趣的时间都不一样。有些孩子也许 3 岁就会产生兴趣，希望家长们不要因为孩子 8 岁才有兴趣就觉得晚了。家长们需要花心思的是把孩子们想说的话写在纸上，让孩子们照着写，但不要因为不会写而让孩子们感到羞愧。即使孩子们不知道怎么写，还是要鼓励他们泰然自若地生活，不会写字并不丢脸，只要学就行了。

对写字不感兴趣的孩子也有其他卓越的优点。他能背下来昆虫和恐龙的名字，擅长手工、画画等。会写字在学校学习的时候确实有很多好处，但是没有必要强迫不喜欢的孩子去做。让我们适应孩子，按照他们自己的节奏来。

2. 练习用文件袋分类整理

进入小学之后，孩子们要学习各种不同的课程，老师会要求孩子们将不同书本分门别类用文件袋装好，方便及时取用。父母应该帮助孩子在入学前养成自己收纳的好习惯。

3. 找教科书、翻页数、用尺子画线

准确找出教科书、翻到相关页、按要求用尺子画线这三项做不好，孩子上课就会紧张。父母可以帮孩子在家进行练习。

① 区分并准确找到教科书

开学拿到教科书后，让孩子提前认识各学科课本长什么样子，上课的时候能及时拿出需要的书本。

如果孩子对此感到困难，可以用不同图形或颜色标记，以便让孩子辨认。这样不用从抽屉里把教科书都拿出来，很快就能找到，孩子就不会感到惊慌。

② 查找教科书页数

虽然知道数字，但找不到页数的情况很多。让我们通过游戏练习找出教科书页数，看看谁能快速找到第七十二页。

③ 能够按照要求用尺子画线

为了让学习更有效果，老师会要求孩子们在书本的不同位置画线或做标记，有时是为了辅助理解，有时是为了突出重点。孩子要学会使用尺子，并按要求完成画线和标记。

4. 会使用剪刀、胶水和颜料

一年级学习有很多剪纸和粘贴的事项，在指定位置仔细涂胶水和按照裁剪线裁剪的练习是必需的。另外，美术作业上色的时候要仔细，不要留下白色的部分，还要练习用彩色铅笔涂深颜色。

在一年级美术课程的评价中，最重要的是涂色是否完全、仔细。在学校的美术学习中，绘画水平并不重要。画得好不好是天生的，所以不能反映在评价标准中。以学会使用各种各样的美术技法，使用多样的材料表现为目标，所以在学习目标和评价中不会使用“画得很好”这样的说法。以下是小学一年级美术领域的评价标准。

- 能够装饰
- 能够表现出来
- 能够设计

· 能够产生兴趣

· 愉快地参与活动

孩子如果能很好地表达主题，仔细地完成上色，在课程评价中就会获得好分数。就算画得再好，如果潦草上色或没完成就得不到高分。

（全书完）

旁观式养育

作者 _ [韩] 崔银雅　译者 _ 杨名

编辑 _ 孙雪净　杨仪清　装帧设计 _ 星野　主管 _ 阴牧云
技术编辑 _ 白咏明　责任印制 _ 杨景依　出品人 _ 贺彦军

物料设计 _ 星野

果麦
www.goldmye.com

以 微 小 的 力 量 推 动 文 明

图书在版编目（CIP）数据

旁观式养育 / (韩) 崔银雅著 ; 杨名译 . -- 北京 : 国文出版社 , 2025. -- ISBN 978-7-5125-1910-7

Ⅰ . G78

中国国家版本馆 CIP 数据核字第 20252MJ806 号

版登号：01–2025–1495

旁观式养育

作　者	[韩] 崔银雅	
责任编辑	于慧晶	
责任校对	孙雪净	
出版发行	国文出版社	
经　销	全国新华书店	
印　刷	天津丰富彩艺印刷有限公司	
开　本	875 毫米 ×1240 毫米	32 开
	6 印张	105 千字
版　次	2025 年 5 月第 1 版	
	2025 年 5 月第 1 次印刷	
书　号	ISBN 978-7-5125-1910-7	
定　价	49.00 元	

国文出版社

北京市朝阳区东土城路乙 9 号　　邮编：100013

总编室：（010）64270995　　传真：（010）64270995

销售热线：（010）64271187

传真：（010）64271187–800

E–mail：icpc@95777.sina.net